MW01165782

Tschüss Bielefeld,

Hello California!

Erlebnisse einer Austauschschülerin

Class of '88

Die Autorin:

Susanne Zaje, 1968 in Bielefeld geboren und aufgewachsen, entdeckte beim Verfassen einer Familiengeschichte, ihre Liebe zum Schreiben.

Sie wurde 1987-1988 als Rotary-Austauschschülerin nach Ukiah, Kalifornien, USA entsandt.
In dieser Zeit lebte sie in drei Gastfamilien. Nachdem sie den *American Way of Life* verinnerlichte, schildert sie ihre Erlebnisse, die ihren Lebensweg für immer veränderten, auf humorvolle Weise in

"Tschüß Bielefeld, Hello California!"

Susanne Zaje lebt mit Ehemann Matthias und Tochter Emily in Bad Homburg.

Berufliche Stationen: Hotelfachfrau, Hotelbetriebswirtin, internationale Management Assistentin, Autorin

Susanne Zaje

Tschüss Bielefeld, Hello California!

Erlebnisse einer Austauschschülerin

Class of '88

1. Auflage

Bibliografische Information der Deutschen Nationalbibliothek:
Die Deutsche Nationalbibliothek verzeichnet diese Publikation
in der Deutschen Nationalbibliografie; detaillierte bibliografische Daten sind im Internet über dnb.dnb.de abrufbar.

© 2019 Susanne Zaje
www.susanne-zaje.com

Herstellung und Verlag: BoD – Books on Demand,
Norderstedt

Layout und Umschlaggestaltung: www.AndreaBecker.de

Fotos: 123rf.com und Andrea Becker

ISBN: 9783734773679

Zwölf Monate im Ausland leben:
Ein Abenteuer, von dem viele Jugendliche träumen.

Dieser Traum wurde für mich Realität, als ich das verregnete
Ostwestfalen verließ und im sonnigen Kalifornien landete.
Was mich erwartete, welchen Menschen ich begegnete, wie es
sich anfühlte, die Eltern und Freunde zu verlassen, um auf
einem anderen Kontinent die Schulbank zu drücken, habe ich
in Tagebüchern aufgezeichnet und nun in Buchform gebracht.
Dies ist eine Einladung, mich auf meiner Reise in die USA zu
begleiten, die mein Leben veränderte, zu einer Zeit als es
weder Handys noch Internet gab.

Eine humorvolle Lektüre für alle, die mit dem Gedanken
spielen, die Heimat für eine gewisse Zeit zu verlassen, oder die
in eigenen Erinnerungen an einen Auslandsaufenthalt schwel-
gen möchten.
Ideal auch für Familien, die planen, einen Austauschschüler
bei sich aufzunehmen.

Die Namen einiger Personen habe ich geändert, um deren
Privatsphäre zu wahren.

Alle Orte und Erlebnisse sind so wiedergegeben,
wie sie durch Gespräche, Briefe, Fotos und Tagebuch-
aufzeichnungen in meiner Erinnerung geblieben sind.

Dieses Buch ist meinen Gastfamilien
und all jenen gewidmet,
die Jugend-Austauschprogramme fördern.

Inhaltsverzeichnis

Prolog

New York, 1986

Das Empire State Building kratzte am Himmel. Der Broadway lockte die Besucher in seine unzähligen Theater. Exorbitante Leuchtreklame prangte am Time Square. Straßenschluchten, tief wie die tiefsten Gletscherspalten, in denen sich gelbe Taxis gegenseitig die besten Plätze auf den Fahrbahnen streitig machten.Millionen von Menschen, die durch Manhattan hetzten, als flöhen sie vor einer Horde wilder Tiere, während die vielen amerikanischen Flaggen in dieser Metropole wehten, als wollten sie den Stolz einer ganzen Nation ausdrücken.

Und mittendrin stand ich, sechzehn Jahre jung. Ein weibliches Greenhorn aus Ostwestfalen. Ich inhalierte den Duft der großen weiten Welt, der hier nach Autoabgasen und Hot Dogs roch.

„Wie krass ist das alles, was ich hier erlebe?", ging es mir durch den Kopf, während mein Englischlehrer unsere Schülergruppe antrieb: „Los, Los, jetzt trödelt hier nicht so rum. In vierzig Minuten fährt unser Zug nach Washington ab!"

Wir hatten den Jackpot geknackt, da wir nicht nur vier Wochen unsere Partnerschule in Manhattan besuchten, sondern auch in die amerikanische Hauptstadt reisten. Nicht irgendwo hin, nein, ins Weiße Haus wollten wir. Mit eigenen Augen sehen, wo der Präsident seinen Chefsessel hat.

„Wie ewig müssen wir hier denn noch rumstehen?", fragte der Klassenkamerad zu meiner Linken genervt.

„Es dauert so lange, wie es eben dauert", war die kompetente Antwort unseres Lehrers.

Ganz offensichtlich waren wir nicht die Einzigen, die an diesem Tag das Weiße Haus besichtigen wollten. An meinem guten, alten Englischlehrer quetschte ich mich vorbei, um besser mitzubekommen, was in der Schülergruppe vor uns gesprochen wurde. Ich spitzte die Ohren, schnappte die ersten Gesprächsfetzen auf:

„Since I have left Germany to spend a year in the U.S. I have really had a blast", sagte der Junge direkt vor mir, mit amerikanischen Akzent.

Wow, der ist ein deutscher Austauschschüler und kann so toll Englisch sprechen. Das würde ich auch gern können, schoss es mir sofort durch den Kopf.

Wir warteten zwei Stunden in der Menschenschlange, bis unsere Schülergruppe endlich ins Weiße Haus zur Besichtigungstour eingelassen wurde. Zeit genug, um dem Burschen zu lauschen, der mir so unglaublich erwachsen und selbständig vorkam. Er hatte mich mit seinem Enthusiasmus bereits komplett beeindruckt.

Jetzt war ich auf den Geschmack gekommen, meine Entscheidung stand fest:

Sobald ich nach Hause komme, werde ich mich für ein Jahr als Austauschschülerin in den USA bewerben!

Es geht los

Montag, 24. August 1987

Achtzehn Monate später. Der Flug LH 454 ist unterwegs von
Frankfurt nach San Francisco. Ich habe einen Fensterplatz
und sehe 10.000 Meter unter mir das holländische Ijsselmeer.
Die Zeit ist reif, das neue Tagebuch zu öffnen, das mich auf
dieser weiten Reise begleitet. Ohne zu zögern notiert der Stift
in meiner Hand die ersten Worte, die ihren Weg auf das Papier finden.

Dank Upgrade (wegen Überbuchung) fliege ich in der oberen Etage, der Business Class der Boeing 747. Staunend sehe
ich, dass es hier sehr vornehm zugeht. Auf meinem ausklapp-
baren Tisch liegt ein silbergraues Damasttuch, darauf steht ein
Glas Pommery Champagner. So lässt es sich aushalten. Was
für ein prickelnder Start in mein Austauschjahr!

Meine Gedanken schweifen zurück zu dem Moment, als der
Abschied am Frankfurter Flughafen kam. Meine Eltern und
unsere Austauschschülerin Katherine aus Kalifornien, die vor
ein paar Tagen bei uns ankam, brachten mich zum größten
deutschen Airport. Als man mir beim Check-in den Boarding
Pass für die Business Class in die Hand drückte, konnte ich
mein Glück gar nicht fassen. Innerlich jubelnd war ich nun
bereit, in das Abenteuer, ein Jahr USA, zu starten, kribbelig
vor lauter Vorfreude.

Nachdem das Gepäck aufgegeben war, verabschiedete ich mich mit einer letzten dicken Umarmung von meinen Eltern sowie von Katherine und marschierte in Richtung Passkontrolle.

Aus einem Impuls heraus drehte ich mich noch einmal um, um zu winken. Da sah ich, dass meine Mutter in Tränen ausgebrochen war und Katherine ihr tröstend den Arm um die Schultern legte. Das war nun ein sehr emotionaler Moment. Ich spürte, dass ich von nun an auf mich allein gestellt war. Es grummelte in meinem Bauch. Jetzt wird alles real, was ich mir in Gedanken so oft ausgemalt habe.

Was mich wohl erwartet? Diese Frage hatte ich mir in den letzten Tagen schon oft gestellt. So genau weiß ich es nicht, obwohl ich mich sehr gut vorbereitet fühle.

Immerhin nehme ich an einem Schüleraustausch nicht zum ersten mal teil. Mit vierzehn Jahren kam ich in eine nordirische Gastfamilie. Damals konnte ich kaum ich Englisch sprechen, aber es reichte aus, um mich zu verständigen. Bei dieser „Austauschschüler-Premiere" traten liebe, gastfreundliche Menschen in mein Leben und von da an machte mir das Englischlernen gleich viel mehr Spaß. Es ist seither eben nicht nur ein blödes Schulfach.

Als Sechzehnjährige durfte ich mit einer Schülergruppe für vier Wochen nach New York zu unserer Partnerschule, der Hunter High School, reisen. Auch in „the Big Apple" wohnte ich bei einer sehr netten Gastfamilie. Wir standen uns zwar nicht besonders nahe, aber ich verdankte ihr meinen Aufenthalt in einer Metropole, die für ein Bielefelder Mädchen der Inbegriff der amerikanischen Welt war.

Nachdem ich zufällig einem deutschen Austauschschüler begegnete, der in der Warteschlange vor dem Weißen Haus eine ansteckend gute Laune versprühte, wollte ich unbedingt dieses einjährige Wagnis eingehen.

Nun, zwei Jahre später, wird mein Traum Wirklichkeit und beginnt mit dem heutigen Tag.

Werden meine Freunde zuhause noch meine Freunde sein, wenn ich zurück komme? Welchen Menschen werde ich begegnen? Was wird aus meinem Freund und mir? Werden wir ein Paar bleiben?

Das alles geht mir durch den Kopf während die hübsche Stewardess ein dreigängiges Abendessen serviert. Den Rotwein habe ich dankend abgelehnt. Man will es ja nicht übertreiben.

Der Passagier neben mir ist aus seinem komatösen Tiefschlaf erwacht. Wir unterhalten uns, während wir unser Fleisch in mundgerechte Stücke schneiden.

„Ich lebe in der *Bay Area*. So nennt man die Gegend rund um San Francisco", erklärt er mir ganz freundlich.

„Heute reise ich geschäftlich und komme gerade aus Indien zurück. In Frankfurt bin ich nur umgestiegen."

Aha, kein Wunder also, dass der Mann die meiste Zeit des Fluges schläft. Der hat anstrengende Meetings hinter sich und schon viele Reisestunden in den Knochen.

Ich bin überhaupt nicht müde. Aufgeregt aber auch nicht. Erwartungsfroh beschreibt meinen Zustand am besten. Inzwischen freue ich mich auf die Sonne, die wärmendes Licht durch das Flugzeugfenster schickt. Es dauert nicht mehr lange, bis ich kalifornischen Boden zum ersten mal betrete.

Und endlich, nach elf Stunden Flugzeit spuckt der Lufthansa Jumbo-Jet seine Passagiere aus.

Es folgt ein unendliches Warten bei der Einwanderungsbehörde.

„Mist, kein Gepäckwagen weit und breit in Sicht", schimpfe ich leise vor mich hin.

Es sind einfach zu viele Leute hier, die von der Gepäckausgabe Richtung Passkontrolle streben. Die Menschenschlange bewegt sich nur träge vorwärts. Ich ziehe zwei Koffer einen Meter weiter, lasse sie stehen, hole meinen dritten nach. Hm, so wenig Gepäck für ein ganzes Jahr, aber so unpraktisch, alleine mit drei Gepäckstücken zu reisen.

Irgendwann stehe ich schließlich doch noch an einem Schalter der Einwanderungsbehörde und bekomme einen Stempel auf der Seite mit dem Ein-Jahres-Schüler-Visum in meinen Pass.

"Welcome to the United States of America", sagt der Beamte, der mir mein Reisedokument wieder in die Hand drückt. Ich darf das Land der unbegrenzten Möglichkeiten offiziell betreten, habe ein breites Grinsen im Gesicht.

In der Arrival Section des San Francisco Airports wimmelt es von Menschen aus aller Herren Länder, wie in einem Bienenstock.

Ich stelle fest, dass auch viele Reisende aus Asien hier ankommen. Ach ja, zwischen dem asiatischen Kontinent und hier liegt ja "nur" der Pazifische Ozean. Man bekommt gleich eine andere Perspektive, wenn man sich klar macht, auf welchem Teil des Erdballs man jetzt gerade steht.

Nun werde ich doch sehr aufgeregt. Finde ich meinen Gastvater in dieser unübersichtlichen Menschenmasse? Ich kenne ihn ja nur vom Foto. Meine Eltern hatten ihm geschrieben, dass er mich am blauen Blazer mit Rotary-International

Aufnäher erkennt. Ob das reicht? Es bleibt mir nichts anderes übrig, als kofferschiebend weiter zu schlurfen. Noch während ich mir darüber Gedanken mache, wie es weitergehen soll, werde ich angesprochen:

"Susanne? Hi, I'm Alec."

Erleichterung macht sich in mir breit und ich antworte:

"Hi Alec, please call me Susi."

Ruck zuck hieven wir zu zweit die drei Koffer ins Auto und schon geht es los. Bei strahlendem Sonnenschein, unter blauem Himmel, raus aus San Francisco in Richtung Norden. Binnen Minuten erreichen wir die Golden Gate Bridge, von der aus man einen Wahnsinnsausblick über die Stadt geschenkt bekommt.

Erlebe ich das hier wirklich? Bin ich angekommen und fahre gerade über eine der berühmtesten Brücken der Welt? Es ist ein magischer Moment und er fühlt sich richtig gut an.

Müdigkeit übermannt mich schließlich irgendwann. So dämmere ich während der zweistündigen Autofahrt immer wieder weg. In diesem Zustand kann ich kein Englisch sprechen und bin froh, dass Alec mich schlafen lässt.

Als wir das Haus meiner ersten Gastfamilie erreichen, ist es dunkel geworden. Ich bin in einer Art Trancezustand, voller Eindrücke, kann nichts Neues mehr aufnehmen. Wie ein Reh, das im Dunkeln vom Scheinwerferlicht erfasst wird, starre ich bewegungsunfähig auf das Haus, in das ich nun einziehen soll.

Trotz Erschöpfung gilt es die anderen Familienmitglieder kennenzulernen. Als erste erscheint Gastmutter Tina in der Haustür. Ich gehe auf sie zu, reiche ihr die Hand.

Das irritiert sie einen kurzen Moment und ich lerne erst später, dass Händeschütteln hier nicht so üblich ist, wie in Deutschland.

Dann erblicke ich meine achtjährige Gastschwester Casey, ein süßes Mädchen mit dunklen Haaren und großen braunen Augen. Sie hat eine weiße Katze auf dem Arm.

„Das ist *Cotton*", wird mir das Kätzchen vorgestellt.

Steif, verschwitzt und müde, will ich nur noch schlafen. Meine Gastfamilie erfasst die Lage schnell und lässt mich duschen gehen.

Lediglich den Schlafanzug hole ich aus dem Koffer, alles andere muss erst mal warten. Welche Wohltat, als mich das weiche Bett empfängt, in das ich mich nun lege. Ich war zwanzig Stunden unterwegs.

Als ich meine Augen wieder öffne, fühle ich mich ausgeschlafen. Ein Blick auf die Uhr verrät mir aber:

Es ist 2:45 Uhr Ortszeit, mitten in der Nacht. *Jetlag*!

Die Zeitumstellung haut voll rein. In Deutschland ist es gerade 11:45 Uhr, neun Stunden weiter, heller Tag.

An Schlaf ist nicht mehr zu denken, so krieche ich ganz leise aus meinem Bett. Ich knipse nur die Nachttischlampe an, um die anderen Bewohner des Hauses nicht zu wecken.

Zum ersten mal schaue ich mich in meinem neuen Zuhause genauer um: Ein gemütliches Zimmer mit Blümchentapete umgibt mich. Ich sitze auf einem Doppelbett mit amerikanischer Bettwäsche, einer eingeschlagenen Wolldecke im Laken. Es gibt einen Wandschrank, eine Kommode, einen kleinen Tisch mit Stuhl davor und einen Spiegel an der Zimmertür. Für mich ist dieser Ort völlig fremd, aber auch behaglich.

Er erinnert mich ein bisschen an das Gästezimmer meiner nordirischen Gastfamilie. Auch heute noch spürt man in Amerika europäische Einflüsse, geht es mir durch den Kopf.

So fange ich an, meine Koffer auszupacken und den Wandschrank mit meiner Kleidung zu füllen. Dabei taucht eine Szene der gestrigen Autofahrt von San Francisco hierher in meinem Kopf wieder auf:

Ich sah von der Sonne ausgetrocknetes Gras neben dem Highway. Flimmernde Hitze über dem Asphalt.

Zweifelsfrei bin ich in einem heißen Teil der Erde gelandet, habe bestimmt zu viele Winterklamotten im Gepäck. Überhaupt, so eine Gegend wie auf der gestrigen Autofahrt, habe ich vorher noch nie gesehen. Wenige Bäume, nur vereinzelte grüne Pflanzen, abgesehen von Weinreben, die hier flach und nicht an Weinbergen angebaut werden.

Bilder von Western Filmen und der Serie *Unsere kleine Farm* kommen mir in den Sinn. Langsam dämmert es mir:

„Dies ist der Wilde Westen und ich bin mittendrin."

Überkommt mich jetzt die Angst vor der eigenen Courage?

Ja, vielleicht. Es ist doch anders, als erwartet.

Wo bitte geht's zum Abenteuer?

Ukiah im August 1987

Ukiah, so heißt der Ort, in dem ich nun wohne und bald zur High School gehen werde. Im County Mendocino gelegen, leben rund 14.000 Einwohner in dieser Kleinstadt zwischen Weinreben und Birnenbäumen. Mir kommt es vor, als wäre es der langweiligste Platz auf Erden. Kein urbaner Glanz wie in New York, sondern nur Wohnhäuser, zwei Supermärkte, ein McDonald's, ein Burger King, eine Post und ein Kino.

Als Achtzehnjährige möchte man vor allem Action. Davon bin ich hier meilenweit entfernt, denke ich erst einmal enttäuscht und ernüchtert. Das könnte öde werden.

„Was treiben Jugendliche hier, wenn sie ausgehen wollen? Und wo bitte geht's zum Abenteuer?", sind die Fragen, die ich in meinem Tagebuch notiere.

Ukiah ist ein Wort aus der Sprache der Pomo-Indianer, die hier lebten, bis sie Mitte des 19. Jahrhunderts vom weißen Mann vertrieben wurden. Es bedeutet "tiefes Tal". Sehr passend, denn rechts und links der Kleinstadt erstrecken sich Bergketten.

Will man hier ankommen, reist man über den Highway 101, der sich als wichtigste Verkehrsader komplett durch Kalifornien von Nord nach Süd erstreckt. Durch dieses Tal, das Yokayo Valley, fließt der Russian River, der den Lake Mendocino, einen Stausee fünf Meilen nördlich, mit Wasser speist.

Die Pazifikküste, die parallel zum Highway 101 und dem "tiefen Tal" verläuft, ist in fünfzig Kilomater Luftlinie westlich zu finden. Zwischen der Küste und Ukiah liegen Hügel und Wälder mit Riesenbäumen, so dass das Meer für einen Pomo-Indianer zu Pferd erst nach drei aufgehenden Monden in Sichtweite käme. Also gilt auch für mich: Kein kalifornisches Strandleben in Ukiah!

Was meine Stimmung deutlich hebt, ist das phantastische Wetter. Jeden Tag Sonne satt bei trockener Hitze, die das Thermometer tagsüber gut und gerne auf vierzig Grad ansteigen lässt, dazu ein Himmel in tiefem Azurblau, ohne eine einzige Wolke. Nachts hingegen zieht eine angenehme kühle Luft durch das Tal, bei der man bestens schlafen kann.

In meiner Gastfamilie bin ich sehr willkommen, das spüre ich vom ersten Moment an. Alec und Tina sind erfahrene Gasteltern, denn vor mir wohnten hier bereits zwei Austausch-schülerinnen: eine aus Australien, die andere aus Süd-Afrika. Ich bin die dritte im Bunde und denke mir, dass es gut geklappt haben muss mit den Vorgängerinnen, sonst wäre ich jetzt nicht hier.

Als ich vor meiner Abreise erfuhr, dass ich ein Jahr in Kalifornien verbringen würde, dachte ich natürlich an Beverly Hills, Palmen und an coole Typen auf Surfbrettern. Aber Deutschland besteht ja auch nicht nur aus Bayern oder der Nordseeküste, sondern ist unglaublich vielschichtig. Genauso erlebe ich nun, dass viele Klischees, die ich durch amerikanische Filme im Kopf habe, hier nicht zu finden sind.

Meine Gastfamilie hat weder etwas mit einer Familie *Ewing* aus der TV Serie *Dallas* gemein, noch steht hier eine Flotte chromblitzender Schlitten vor der Haustür. Trotzdem, oder gerade deshalb, fühle ich mich sehr wohl in diesem Haus, in dem es eher ruhig zugeht. Es ist eben kein Drehort, an dem ein Lifestyle zur Schau gestellt wird, sondern ein ZUHAUSE.

Main Gastvater arbeitet selbständig, genau wie mein Vater in Deutschland. Alec betreibt einen Computerladen in Ukiah downtown und ist meistens damit beschäftigt, Ware auszuliefern und anzuschließen. Natürlich fährt er auch zu seinen Kunden, wenn PC Probleme auftauchen, um vor Ort zu helfen. Seine Frau Tina bleibt tagsüber in Alec's Laden und hält dort die Stellung.

Casey sieht aus wie „Pocahontas", ist begeisterte Fußballspielerin und besucht die Elementary School (zwei Häuserblocks vom Haus entfernt), zu der sie stets gefahren wird. Das verstehe ich nicht. Warum sollte man ein Auto nehmen, wenn man nur 500 Meter zurücklegt?

Ich hingegen laufe heute zur Post, um die ersten Briefe in die Heimat abzuschicken. Selbstverständlich bin ich die einzige Fußgängerin weit und breit. Jeder fährt hier mit dem Automobil. Ich falle auf.

Nach zartem Herantasten an meine Gasteltern lerne ich sie besser kennen.

Was Tina vor allem ausmacht, ist ihre leise, weiche Stimme. Auch wenn sie Casey mal ermahnt (was selten vorkommt) wird sie nie laut. Vom ersten Moment an, werde ich von Tina voll in das Familienleben einbezogen. Das scheint ihr viel leichter zu fallen, als mir, denn ich habe noch Hemmungen, mich einfach aus dem Kühlschrank zu bedienen.

Aber gerade in der Küche spielt sich das Meiste ab und so lerne ich genau dort meine ersten Lektionen. Beim Gemüse putzen landen die Abfälle in der Spüle, nicht im Müll. Im Abflussrohr befinden sich messerscharfe Klingen, die man per

Knopfdruck in rotierende Bewegungen versetzt und die dann mit einem Höllenlärm alles zerkleinern, was im Schlund des Spülbeckens landet.

„Pass auf, dass Du niemals etwas mit den Händen rein schiebst, sonst sind Deine Finger ab!", ermahnt mich Tina, als ich ihr in der Küche ein wenig zur Hand gehe.

Danke für den Hinweis, denn mit diesen Monsterklingen möchte ich mich wirklich nicht anlegen. Den großen Kühlschrank im Kücheneck liebe ich besonders. Er ist immer mit leckeren Dingen gefüllt und für die Getränke kann man wahlweise Eiswürfel oder Crushed Ice per Hebel in sein Glas purzeln lassen. Kling, kling, kling, dann Wasser oder Limo drauf, fertig ist ein Kaltgetränk, als käme es frisch aus einer Cocktailbar. Cool!

Während wir die Spülmaschine in der Küche ausräumen, erzählt Tina mir, wie sie und Alec die kleine Casey direkt nach ihrer Geburt adoptiert haben. Zu der Zeit lebten die beiden in Kanada und ließen sich dort auf die Liste der potentiellen Adoptiveltern setzen. Als der Anruf kam, dass eine junge Frau im zarten Alter von siebzehn Jahren Mutter würde und sofort nach der Geburt ihr Kind zur Adoption frei gäbe, war Tina dann doch erst einmal aus der Fassung.

"Weißt Du, andere Frauen haben neun Monate Zeit, um sich auf die Mutterrolle vorzubereiten. Bei uns waren es nur ein paar Tage."

Alles klappte, das Mädchen kam gesund zur Welt und als Tina ihre Tochter das erste mal im Arm hielt, konnte sie an nichts anderes denken als *"I am a mom!"* Als Tina mir die Geschichte erzählt, glitzern Tränen in ihren Augen. Casey hat ihren Platz gefunden und liebt ihre Eltern von Herzen.

Seit dem Tag der Adoption, stellten Alec und Tina ihre Wün
sche immer hinter dem Kindeswohl an. Sie kauften das Haus
in Ukiah, wo Casey mit Schulen „um die Ecke" in einer behü-
teten Nachbarschaft aufwachsen darf.

Ich stelle fest: Die Familie, die mich aufgenommen hat, ist
etwas ganz Besonderes.

Alec ist agil, immer in Bewegung, ein Mann, der gute Laune
versprüht und viel lächelt. Er fragt oft, ob es mir gut geht. Das
finde ich sehr fürsorglich, ohne dass ich mich eingeengt fühle.
Als der ältere von zwei Söhnen wuchs Alec auf einer Ranch in
der Nähe von Ukiah auf. Seine Eltern, sein Bruder, seine
Schwägerin und sein Neffe leben alle auf diesem Areal und es
mangelt ihnen dort weiß Gott nicht an Platz.

Das Grundstück - dieser Ausdruck ist stark untertrieben -
das Land, das sie ihr Eigen nennen, umfasst tausend Hektar.
Das entspricht schlappen zehn Millionen Quadratmetern.

Am ersten Wochenende nach meiner Ankunft fahren wir
zur Ranch von Alecs Eltern und ich lerne alle dort lebenden
Familienmitglieder kennen.

Besonders reizend erscheint mir Alecs Mutter, "Oma" Audrey, eine muntere Dame, die sich so gibt, wie ich mir eine
amerikanische Lady vorgestellt habe. In Jeans gekleidet, trotzdem mit einem gewissem Chic und einem Akzent, den man als
frische Austauschschülerin nur schwer verstehen kann.

Ihr Mann hingegen, Alecs Vater, wirkt verschlossen und
kommt mir wie der Patriarch der Familie vor. Ich kann ihn
nicht einordnen und seinen wenigen gesprochenen Worten
nicht folgen.

Auf der Ranch isst man bevorzugt Steaks vom Grill, kombiniert mit Maiskolben, Salat oder anderem Gemüse frisch aus dem eigenen Garten. Köstlich!

Es gibt Hunde, Pferde und einen Swimmingpool mit Rutsche, Sprungbrett sowie aufblasbarem Spielzeug in allen Größen. Das „Poolhaus", welches mit Badezimmer ausgestattet zum Umkleiden dient, hat die Dimension eines kleinen Einfamilienhauses. Ich frage Alec nach den ausgestopften Tieren, die die Innenausstattung des Poolhauses dominieren.

„Das sind die Jagdtrophäen der männlichen Familienmitglieder", ist seine Antwort. Ich staune. Dies ist eine neue Welt für mich.

Die Ranch ist ein Ort absoluter Ruhe. Man kann hier in die Natur eintauchen, frische Luft schnuppern und Raubvögel beobachten, die mit der Thermik ihre endlosen Kreise ziehen. Die Grillen zirpen, Kolibris tanzen an den Blüten rund um das Haus. Mir wird richtig warm ums Herz. Das hier ist ein Traum, der sich vor mir ausbreitet.

Die Gegend sieht aus, wie in einem *Marlboro* Werbespot und wenn jetzt ein paar Indianer vorbei reiten würden, wäre ich auch nicht verwundert. Ich entspanne seit meiner Ankunft zum ersten mal und genieße den Blick in die Landschaft, an der ich mich nicht statt sehen kann.

Alec lädt mich zu einer Spazierfahrt über einen Teil der Ranch ein, was länger als eine Stunde dauert und mir nur einen kleinen Eindruck des Anwesens vermittelt. Mein Gastvater zeigt mir einen Steinbruch, der eine der Einnahmequellen der Ranch ist. Highway 101 wird weiter ausgebaut und dafür braucht man Baumaterial, das unter anderem von hier stammt.

Per Jeep ruckeln wir auf Feldwegen, quer über Wiesen, durch Bäche, vorbei an Quellen, einem kleinen See und unzähligen Hügeln. Unterwegs erklärt mir Alec die Vegetation und zeigt mir Spuren der Pomo Indianer, die diese zurück gelassen haben: alte Trampelpfade oder Orte an denen Alec Pfeilspitzen gefunden hat.

Es duftet nach Pfefferminz, Eukalyptus und Exotik. In der Ferne hören wir wilde Truthähne „gackern".

Ich erlebe ein großartiges Freiheitsgefühl inmitten dieser Western-Kulisse. Auf der Sitzbank des Jeeps liegt zwischen uns der geladene Colt.

„Nur für alle Fälle!", betont Alec, als mein fragender Blick darauf fällt.

„Welcher Fall könnte denn eintreten?"

„Es gibt hier Klapperschlagen, Pumas und andere wilde Tiere", listet Alec die möglichen Angreifer in aller Seelenruhe auf.

„Wenn Du aussteigst, pass auf, wo Du hintrittst. In der Regel stirbt man am Biss einer Klapperschlange zwar nicht, aber man wird davon sehr krank. Giftspinnen leben ebenfalls hier, jedoch trifft man sie nur selten an."

Das sind beunruhigende Informationen, die da an meine Ohren dringen. Ich bleibe lieber im Jeep, der mir trotz fehlender Türen und ohne Windschutzscheibe auf einmal sehr sicher erscheint. Als wir auf dem Rückweg zum Ranch-Haus über Steine rumpeln, bekomme ich Safari-Feeling, das Alec nur grinsend kommentiert:

"Just like the German Autobahn!"

Ich muss herzhaft lachen.

Keine Cowboys

Ukiah im August 1987

Hier sind momentan noch Schulferien. So kann ich es ganz gemütlich angehen lassen. Neben meiner Gastfamilie lerne ich weitere Menschen kennen.

Zu allererst: Jason! Ein schlanker Junge mit dunklen Haaren, lustigen blauen Augen und mit einem verschmitzten Lächeln. Jason ist selbst Austauschschüler, ebenfalls per Rotary hierher geraten und seit sechs Monaten vor Ort. Er kommt aus Australien. Dort geht ein Schuljahr von Winter bis Winter. Jason hat erst sein Schuljahr in *Down Under* zu Ende gebracht und musste hier mitten im amerikanischen Schuljahr einsteigen.

In Ukiah kennt er sich schon bestens aus und seine Geschwindigkeit beim Erzählen verwirrt mich. Es sind nicht nur die englischen Wörter, die er mir mit seinem australischen Akzent um die Ohren haut. Er erzählt von Dingen, die ich noch nicht kenne, die mir nichts sagen. Es ist wohl der berühmte Sprung ins kalte Wasser, den ich gerade zu spüren bekomme.

Ich bin Jason aber vor allem dankbar, als er mit mir die High School besucht, damit ich dort meinen *Counselor* kennenlerne: Eine mexikanische Frau mittleren Alters, die mir sehr exotisch vorkommt. Sie gibt mir zu verstehen, dass sie mich jetzt nicht nur administratorisch unterstützt, sondern auch meine Vertrauenslehrerin für das ganze Schuljahr sein wird. Okay, beruhigend zu wissen, dass ich eine persönliche Ansprechpartnerin in der High School habe.

Nachdem wir etliche Formulare ausgefüllt haben, darf ich meine Schulfächer wählen. Die Entscheidung fällt mir gar nicht so leicht, denn eine derartig große Freiheit bin ich in der Schule nicht gewöhnt. Nur die Fächer Englisch und American Institutions (eine Mischung aus Geschichte und Politik) sind für mich Pflicht. Die restlichen vier Lernfächer kann ich ohne weitere Kriterien auswählen.

Ich entschließe mich für Rhetorik, Kochen/Ernährungslehre, Sport und Psychologie. Diese sechs Unterrichtsgebiete werde ich fortan an jedem Schultag haben, immer in der gleichen Reihenfolge. Das ist auch so etwas ganz Neues, im Vergleich zum bunt gemischten deutschen Stundenplan.

Die Ukiah High School hat vier Jahrgangsstufen von Klasse 9-12: Die jüngsten sind die *Freshmen*, dann kommen die *Sophomores*, *Juniors* und *Seniors*. Als Achtzehnjährige gehe ich in die Senior-Klasse, an deren Ende das High School Diplom als Schulabschluss steht.

Mit rund 1.800 Schülerinnen und Schülern, die sich auf vier Jahrgangsstufen verteilen, erscheint mir diese Schule sehr groß.

„Jugendliche aus dem gesamten Umkreis von Ukiah kommen mit Schulbussen oder Autos hierher. Es gibt ein immenses Einzugsgebiet", erklärt mir meine Vertrauenslehrerin.

Sie ist eine von hundertdreißig Lehrern, die an der Ukiah High School unterrichten.

Als Jason mir das Schulgelände, den Campus zeigt, bin ich beeindruckt: Ein Schwimmbecken von olympischen Ausmaßen inklusive Turmsprunganlage, Baseball- und Footballstadion, Tennisplätze, Fußballrasen, Turnhalle, Bibliothek, Aula mit großer Bühne, ein Musikzimmer wie bei den Wiener

Philharmonikern und ein Schulhof in dreieckiger Form "*the Tri*", der für die Pausen sonnige und schattige Plätze bietet.

Es gibt auch einen *Shop*, in dem man Schulartikel wie Blöcke, Stifte, T-Shirts und Jacken kaufen kann - alle mit dem Maskottchen *Ukiah Wildcat*, einem Puma, in den Schulfarben lila und gold versehen.

Nach der Schulbesichtigung lädt Jason mich zu seinen Gasteltern Monte und Kay ein. Die beiden sind mir so sympathisch, dass ich mich vom ersten Moment zu ihnen hingezogen fühle. Während ein gekühlter Eistee durch unsere durstigen Kehlen läuft, schlägt Kay vor, die Nachbarn gegenüber zu besuchen.

„Dort wird auch deutsch gesprochen und sie freuen sich bestimmt, Susi kennenzulernen", ermuntert uns Kay.

Wir überqueren die Straße und drücken auf den Klingelknopf, der sich unter dem Namensschild „Mueller" befindet. Die Nachbarn sind hocherfreut über unser spontanes Auftauchen, obwohl gerade Besuch aus Österreich da ist.

Jetzt aber der Reihe nach:

Die besagte Nachbarin heißt Hilde und ist in den 1950er Jahren aus dem baden-württembergischen Walldorf nach Kanada ausgewandert. Auf der Schiffsüberfahrt lernte sie Walter kennen, ihren Ehemann. Später immigrierte das Ehepaar in die USA und fand in Ukiah eine neue Heimat.

Walter ist Uhrmacher und betreibt ein Juweliergeschäft hier im Ort. Ich schätze die beiden auf knapp sechzig Jahre und erfahre, dass sie drei erwachsene Kinder haben.

Der Abend im Hause der deutschsprachigen Nachbarn ist so lustig, dass ich das Gefühl habe, wir würden uns alle schon ewig kennen.

Englisch und deutsch wird durcheinander gesprochen und Jason versucht, das Lied "In München steht ein Hofbräuhaus" zu singen. Dabei kommt aber "In München steht ein Hurenhaus" über seine Lippen und alle Anwesenden müssen Tränen lachen.

Zusammenfassend kann ich notieren: die ersten Menschen, die ich in Kalifornien kennenlerne, sind extrem nette Amerikaner, eine Mexikanerin, ein äußerst aufgeweckter Australier und eine Reihe lustiger Fast-Rentner aus Deutschland und Österreich.

Keine Cowboys! (Die kommen erst später dran).

Rotary International

Rotary International ist die Organisation, die mir meinen Schüleraustausch ermöglicht. Rotarier sind Männer und Frauen, aus unterschiedlichen Berufsfeldern, die sich seit der Gründung 1905 ein Netzwerk aus Clubs aufgebaut haben, um anderen Menschen zu dienen. Dabei wird nicht nur finanziell unterstützt, auch die ehrenamtliche Einsatzbereitschaft der Mitglieder treibt gesellschaftliche Projekte voran.

Im Rotary Club trifft man sich wöchentlich zum Lunch, tauscht sich aus, hört Vorträge, sammelt Geld für Gemeinnütziges und plant Sponsoren Events.

Eines der weltweiten Programme, das Rotary fördert, ist der internationale Schüleraustausch. Als Austauschschüler bekommt man vom Rotary Club „ein Paket", das alle Voraussetzungen für ein Schuljahr im Ausland enthält.

Rotarier verstehen sich als Gastgeber, die junge Menschen als Botschafter ihrer Kulturen einladen. In der Regel sind die Gastväter oder -mütter Mitglieder eines Rotary Clubs und bieten dem Austauschschüler unentgeltlich für eine gewisse Zeit ein Zuhause an. Zusätzlich zahlt der Club ein Taschengeld, in meinem Fall vierzig Dollar monatlich.

Damit eine Rotary-Gastfamilie nicht ein ganzes Jahr einen Austauschschüler "durchfüttern" muss, wird der ausländische Gast in der Regel in drei Familien im Laufe des Jahres untergebracht. So ist die Belastung für eine Gastfamilie gering und falls man nicht harmoniert, ist die Dauer dieser Zweckgemeinschaft zeitlich überschaubar. So lerne ich auch verschiedene

"*Lifestyles*" kennen, denn die Familien leben doch absolut unterschiedlich.

Ich verlasse Ukiah im Verlauf dieses Jahres nicht, muss die Schule nicht wechseln, habe dort eine Beständigkeit. Meine zukünftigen Gastfamilien lerne ich alle bereits vor dem Umzug kennen, so dass mir die Menschen beim Einzug in deren Haus, nicht völlig fremd sind.

Der ständige Wohnungswechsel ist eine gute Übung, die Komforthängematte zu verlassen, in die man nach drei bis vier Monaten einsinkt.

Auch Rotarier, die nicht zu meinen Gasteltern zählen, bringen sich im Laufe des Jahres immer wieder mit ein. Wenn jemand einen interessanten Ausflug plant, werde ich oft gefragt, ob ich mitkommen möchte. Das ist eine tolle Gelegenheit, etwas Neues zu sehen und weitere Menschen kennenzulernen.

Ich wurde auf Rotary aufmerksam, als ich vor sechs Monaten den Direktor meines Gymnasiums aufsuchte.

„Ich benötige eine offizielle Beurlaubung von der Schule für ein Jahr, denn ich möchte als Austauschschülerin in die USA gehen", war die Bitte, mit der ich bei ihm vorsprach.

Mein Schuldirektor war nicht nur ein großer Fan des internationalen Schüleraustauschs, sondern auch Rotarier. Er gab mir den Tipp, es bei dieser Organisation zu versuchen.

Ein paar Wochen später wurde ich zu einer Auswahlrunde eingeladen. Zusammen mit acht weiteren Bewerbern sollte ich Fragen beantworten, die offensichtlich darauf abzielten festzustellen, ob ich eine Botschafterin für mein Land sein könnte. Der Rotary Club Bielefeld Süd vergab in diesem Jahr zwei Plätze für Austauschschüler, und ich bekam einen davon.

Meine erste Aufgabe bestand darin, eine Rede über mein Leben in Deutschland vorzubereiten. Ich stellte Dias zusammen, die meine Heimat, Schule und Hobbys zeigen. Mit dieser Rede und den Dias im Gepäck kam ich in dem Wissen nach Ukiah, dass ich eines Tages der Programmpunkt eines Rotary Meetings sein werde.

Als rotarische Austauschschülerin bin ich befugt, regelmäßig einmal pro Monat an einem Meeting teilzunehmen und bekomme für diese Zeit schulfrei.

Das ist eine sehr gute Nachricht. Schule ist eben Schule, egal wo. Gleich am dritten Tag nach meiner Ankunft darf ich erstmalig zu einem Rotary Meeting mitgehen.

Jedes Treffen beginnt mit dem Treue-Gelöbnis auf die amerikanische Flagge. Dazu erheben sich alle Anwesenden im Saal, drehen sich zur Flagge im Raum, legen die rechte Hand auf das Herz und sprechen gemeinsam den Text: *"I pledge allegiance to the flag of the United States of America...."*

Es lässt sich nicht leugnen, dass so etwas sowohl Gemeinschaftsgefühl, als auch Nationalstolz transportiert.

Für mich als Deutsche ist es eine ganz neue Erfahrung, denn in meiner Heimat ist man zu diesem Zeitpunkt noch mit der Schuldfrage des 2. Weltkriegs beschäftigt. Auf Schwarz-Rot-Gold einen Treueschwur ablegen? Es käme mir nicht in den Sinn. Vielleicht bei der Vereidigung des Bundeskanzlers, aber sonst? Man fände es unpassend, so viel Nationalstolz zu zeigen.

Nach dem Flaggenschwur folgt ein kurzes Tischgebet.

Ich finde es schön, das Lunch mit einem Dank zu beginnen, dafür dass man in Gemeinschaft zusammen kommt und ein warmes Essen vor einem steht. Während der Mahlzeit wird geplaudert, es geht locker zu.

An meinem Tisch sitzen neben Alec Ukiah's Bürgermeisterin, ein Immobilienmakler im Nadelstreifenanzug, aber auch der Tankstellenbetreiber im ölverschmierten Hemd, sowie ein Winzer von der bekannten *Fetzer Winery*.

Alle sprechen sich mit Vornamen an und ich habe das Gefühl, dass ich bei so vielen Bobs, Charlys und Toms nie einen Überblick bekomme.

Nach dem Essen folgt immer ein halbstündiger Vortrag. Die Redner werden von den Rotariern eingeladen und es gibt unterschiedliche Themen.

Als ich den Diavortrag mit dem Titel: „*My life in Bielefeld, West Germany*" halte, ist es ein seltsames Gefühl, vor Erwachsenen zu sprechen. Aber mir schlägt so eine freundliche Atmosphäre entgegen, dass ich meine Aufregung in den Griff bekomme und diese Aufgabe nicht unangenehm finde.

Die Fragen, die mir gestellt werden, zeugen von echtem Interesse. So lerne ich gleichzeitig auch eine Menge über meine Heimat, denn vieles, was uns im Alltag so selbstverständlich erscheint, wirft anderswo Fragen auf.

Und schließlich denke ich noch:

"Hätte ich doch besser im Politik- und Geschichtsunterricht aufgepasst, dann würde ich bei den Fragen nicht so schwitzen und hätte flüssigere Antworten parat.

Der Job als Botschafterin ist nicht so einfach, wie angenommen."

Es brennt

Ukiah, Anfang September 1987

Alle im Ort sprechen nur noch über ein Thema: Das Feuer, das um uns herum wütet!

Dieser Waldbrand, am Rande der Kleinstadt, wird mittlerweile als der zweitgrößte aktuelle Brand in den Vereinigten Staaten eingestuft.

Ukiah's Straßen hängen voller Qualm und alles riecht verraucht. Die Bewohner der Stadt machen die Dächer mit Gartenschläuchen nass, denn auch Funken fliegen durch die Luft und werden zur Bedrohung!

Jeder wünscht sich Regen, stattdessen steigen die Temperaturen und Wind kommt auf. Tagsüber sehe ich, dass das Thermometer im Garten fünfundvierzig Grad Celsius im Schatten anzeigt.

Es scheint, als wären alle Männer des Ortes unterwegs, um die Feuerwehrleute bei ihrer Arbeit zu unterstützen. Auch Alec ist mit seinem Bruder Jerry dabei. Die beiden sind mit den Baggern von der Ranch vor drei Tagen ausgerückt.

Pro Tag bekommt jeder Mann vierhundert Dollar, klingt erst mal toll. Aber dieser Job ist lebensgefährlich.

Der Kampf gegen die lodernden Flammen hat bereits mehrere Menschenleben gefordert und es gibt Verletzte unter den Helfern. Wir machen uns große Sorgen um meinen Gastvater und seinen Bruder.

In dieser Nacht höre ich, wie Alec um 2:00 Uhr nach Hause kommt. Tina eilt ihm im Flur entgegen, nimmt ihn erleichtert in die Arme.

Er ist total müde, aber Gott sei Dank unverletzt.

„Ich war eine Stunde vom Feuer eingeschlossen, bis mein Team und ich es endlich geschafft haben, uns mit einem Gegenfeuer aus dieser Lage herauszubringen", berichtet er uns.

Sein Gesicht ist schwarz vom Ruß. Er riecht aus allen Knopflöchern nach Rauch. Alec geht duschen, drei Stunden schlafen und fährt dann zurück zum Feuer.

Casey muss immer wieder weinen, weil sie große Angst um ihren Daddy hat. Auch Tina ist weiterhin angespannt und voller Sorge um ihren Mann. Hinzu kommt, dass sie nun allein den Computerladen am Laufen halten muss.

Ich kümmere mich derweil verstärkt um meine kleine Gastschwester und übernehme einen Teil des Küchendienstes. Die Routine des Familienlebens hat sich verändert. Einer fehlt, um dessen Leben wir bangen!

Da der Flugplatz von Ukiah in der Nähe des Hauses ist, hören wir Tag und Nacht Flugzeuge starten, die ebenfalls bei den Löscharbeiten eingesetzt werden. Eine ungewohnte Unruhe und Nervosität herrscht im sonst so beschaulichen Ort.

In den heißen Sommermonaten kommt es in Kalifornien immer wiederholt zu Waldbränden. Manche werden durch Blitzschläge ausgelöst, andere durch unachtsame Menschen, die ein Lagerfeuer nicht richtig löschen oder brennende Zigaretten aus dem Auto werfen.

Bei der Trockenheit der letzten Monate ist so ein Verhalten schlichtweg grob fahrlässig.

Jedes Kind hier kennt „Smokey the Fire Bear", das Maskottchen des *U.S. Forest Service*. Wenn Smokey sagt *"Fire danger is high"*, sollte man diese Warnung wirklich ernst nehmen.

Zudem herrscht in einigen Gebieten Kaliforniens im Sommer Wassermangel, was speziell bei Bränden ein zusätzliches Problem darstellt.

Alec erzählt mir, dass auch Strafgefangene aus den Gefängnissen bei den Löscharbeiten zum Einsatz kommen, insbesondere um Schneisen zu schlagen oder um Gräben zu ziehen. Dafür bekommt jeder Verurteilte pro Tag einen Dollar, als symbolischen Lohn und einen Tag weniger im Knast.

Keine schlechte Idee, wie ich finde, denn jeder hier ist betroffen, egal wie seine Stellung in der Gesellschaft ist.

Irgendwann, nach endlos erscheinenden Tagen und Nächten, ist das Feuer endlich unter Kontrolle gebracht.

Gott sei Dank, Alec ist heil zurück! Wir atmen auf, sind einfach froh, dass er wieder in seinem Laden steht und unser Familienleben seinen gewohnten Gang geht.

Luftpostbriefe und Schecks

Ukiah, Sonntag, 13. September 1987

Inzwischen träume ich in amerikanischem Englisch, was mir vor allem auffällt, wenn ich nachts aufwache, weil mir ein passendes Wort nicht einfallen will und mein Traum somit ins Stocken gerät.

Tagsüber denke ich in englischen Vokabeln, was seltsam ist, in dieser Umgebung aber logisch erscheint. Wenn ich abends die Seiten meines Tagebuchs fülle, schreibe ich wieder auf Deutsch, so wie mir der Schnabel gewachsen ist.

In meinem Zimmer stapelt sich derweil die Post von meinen Eltern, Freundinnen und natürlich auch von meinem Freund. Fünf Tage ist so ein Luftpostumschlag unterwegs, bis er von Bielefeld nach Ukiah gelangt. Ich mache mich meistens sofort an die Beantwortung der Briefe, denn ich habe ja eine Menge zu berichten.

Unbedingt möchte ich alles mitteilen und mir fehlen die Lieben von daheim sehr. Wenn die Zeitverschiebung nicht wäre und ein Telefonat ins Ausland nicht so wahnsinnig viel kosten würde, könnte ich ja meine Gedanken telefonisch rüberbringen. Aber daran ist überhaupt nicht zu denken.

Es gilt: Briefe schreiben und mindestens zehn Tage auf Antwort warten. Geduld ist eine Tugend, die ich nun täglich übe.

Je mehr ich schreibe, umso leichter fällt es mir, meine Meinungen, Gefühle und Erlebnisse im Tagebuch festzuhalten.

Das ist wie ein Gespräch mit einer Freundin. Oder wie ein Bild, das ich male (falls ich zeichnen könnte). Papier und Stift können auf diese Weise auch Verbündete gegen Einsamkeit beziehungsweise Heimweh sein.

Um weitere Erinnerungen zu sammeln, fotografiere ich fleißig. Die Dias lasse ich mir in der Fotoabteilung von Raley's Supermarkt entwickeln, wo ein doppelter Abzug gratis dazu kommt. Das finde ich einfach grandios, denn so kann ich meine Fotos hier anhäufen und gleichzeitig den Briefen in die Heimat die zweiten Abzüge beilegen. Bilder sagen bekanntlich mehr als hundert Worte.

Auf der Post kennt man mich inzwischen ganz genau:
"Ah, the exchange student with the funny accent is back. Do you need stamps again?"
Ja, an meinem Akzent kann man mich gleich erkennen. Und natürlich bin ich Stammkundin beim Erwerb von Briefmarken.

Finanziell bin ich mit der Heimat über ein eigenes Bankkonto verbunden. Bei der *Savings Bank of Mendocino County* habe ich ein Konto eingerichtet, auf das Rotary monatlich Taschengeld einzahlt und meine Eltern Geld überweisen, falls ich sie dazu überreden kann.
In meinen Briefen nach Hause verspreche ich, die Kohle nicht zu verprassen, sondern für Fotos, Briefmarken und für eine geplante Fahrt nach Kanada mit der Schulband zu investieren.

Bargeld wird hier selten benutzt und so bekomme ich ein Scheckbuch zum Konto dazu. Auf den bunten Schecks, die mit kalifornischen Motiven gestaltet sind, stehen mein Name und meine Adresse in Ukiah.

Wenn ich mit so einem Scheck bezahle, muss ich nur unterschreiben, mich mit meinem Führerschein ausweisen und damit ist der Bezahlvorgang erledigt.

Ich fühle mich sehr erwachsen, wenn ich an der Supermarktkasse mein Scheckbuch zücke und auf diese Weise meine Rechnungen begleiche.

Was mich bei der Bank am meisten überrascht, ist das *Drive-Thru* Fenster. Auch Bankangelegenheiten kann man hier erledigen, ohne das Auto zu verlassen. Man fährt dafür an den Schalter auf der Rückseite der Bank, was mir total verrückt erscheint.

Da ich überwiegend mit Alec's Fahrrad unterwegs bin, brauche ich so einen Service nicht in Anspruch nehmen. Ich gehe lieber in die Bank und kühle dort im klimatisierten Raum ab, während ich mir neue Schecks aushändigen lasse, oder den Kontostand überprüfe.

Amerikanischer Schulalltag

Ukiah im September 1987

Schon nach wenigen Tagen fühle ich mich wie ein kalifornisches *High School Kid*.

Mein klassischer Schultag beginnt damit, dass ich mir morgens ein Frühstück zusammenstelle. Meistens besteht es aus Weißbrot mit sonnenverwöhnten Tomaten aus Tinas Gemüsebeet.

Dies sind zweifelsohne die aromatischsten Tomaten, die ich je gegessen habe. Wenn ich sie in Scheiben schneide, leuchten sie mir tiefrot entgegen und der Saft läuft mir über die Finger, den ich genüsslich ablecke. Eine wahre Delikatesse!

Einen halben Häuserblock entfernt ist die Bushaltestelle. Dort steige ich in den gelben Schulbus, der mich in rund fünfzehn Minuten zur High School gondelt. Die Strecke könnte man deutlich schneller zurücklegen, wenn der Bus nicht an jeder Kreuzung durch ein Stoppschild zum Halten gebracht würde.

An allen vier Straßen, die an einer Kreuzung aufeinandertreffen, steht eine solche Stopptafel. Vorfahrtstraße = Fehlanzeige! Ich lasse mir erklären, dass derjenige, der zuerst an so einem *4-way-crossing* ankommt, nach seiner Fahrtunterbrechung als Erster fahren darf, dann geht es der Reihe nach so weiter. Wenn zwei Autos gleichzeitig an der Kreuzung ankommen, gilt rechts vor links. Ich finde Autofahren hier vor allem super langsam.

Ein kalifornischer Schultag ist nicht zu vergleichen mit einem, den ich vom deutschen Gymnasium gewohnt bin: Die Schule dauert von morgens 8:00 Uhr bis ca. 15:00 Uhr nachmittags.

In dieser Zeit ist auch eine Mittagspause eingeschlossen, was mich total befremdet. Das kenne ich von zuhause gar nicht und merke am knurrenden Magen, wie verwöhnt ich in Deutschland bin, wo meine Mutter mit einem warmen Essen wartet, wenn ich kurz nach 13:00 Uhr zu Hause ankomme.

Hier isst man in der Regel einen Sandwich oder kauft sich eine Mahlzeit in der Kantine. Letztere Form der Verpflegung erscheint mir zu teuer, zu ungesund und das Kantinenfutter schmeckt mir nicht.

Ist der Unterricht beendet, muss man noch jede Menge Hausaufgaben machen, was sich auch mal über drei bis vier Stunden hinziehen kann.

Trotzdem haben etwa die Hälfte meiner Mitschüler nebenbei Jobs (als Eisverkäufer, Sekretärin, Babysitter, bei Burger King, etc.). Wie sie dann noch Zeit für Hobbys oder Freunde in den Tag bringen, obwohl sie am nächsten Morgen früh aus den Federn müssen, ist mir ein Rätsel.

Viele sind ehrlich bemüht, einen guten Schulabschluss zu machen, ohne wie Streber auszusehen.

Was die Zukunftspläne angeht, scheinen die Kids (im Gegensatz zu mir) konkrete Vorstellungen zu haben. Die Mädels reden gern von einer Traumhochzeit. Du meine Güte, dabei haben einige noch nicht mal einen Freund.

Die Jungs meiner Klasse wissen oft schon, welchen Karrierepfad sie einschlagen wollen: entweder weiter aufs College, zur Army oder in eine Sportlerlaufbahn.

In meinen gewählten Schulfächern komme ich gut mit und die ersten Noten fallen besser aus, als ich das von meiner Bielefelder Schule gewöhnt bin.

Jedoch *American Institution* fällt mir schwer. Da verstehe ich vieles nicht und das Fachvokabular fehlt mir.

Am besten gefällt mir das Fach *Psychology*. Der Lehrer fesselt uns mit Themen wie „gespaltene Persönlichkeiten" oder „Vertrauen", um nur zwei zu nennen. Diese Schulstunden gehen immer zu schnell vorbei. Ich finde sie spannend wie Krimis.

Was ich hier total klasse finde, und daheim bestimmt vermissen werde, sind die Schließfächer in der Schule.

Sie befinden sich an einer Gebäuderückseite unter einem Dach, das seine „viereckigen Bewohner" vor Witterungseinflüssen schützt. Jeder Schüler hat so einen *Locker* mit Zahlenschloss. Dort bewahrt man Bücher oder Sportklamotten auf, während diese nicht im Einsatz sind.

In der Innenseite meiner Spindtür hängt ein Fotos meines Freundes, das ist meine persönliche Visitenkarte. Einige der Mädchen fragen nach, wer denn der unbekannte Junge auf dem Foto sei. Sie bekommen große Augen, wenn ich sage, dass es sich dabei um meinen Boyfriend handelt.

„Was? Du hast einen Freund in Deutschland und bist trotzdem für ein Jahr hier? Wie hält Du das aus?"

Das frage ich mich allerdings auch jeden Tag. Ich vermisse ihn ganz schrecklich.

Wenn ich vorher gewusst hätte, wie sehr die Sehnsucht nach ihm schmerzt, hätte ich mich vermutlich gar nicht auf das Austauschjahr eingelassen.

Überhaupt, die Mädchen hier sind „anders". Alles dreht sich um Klamotten, Haare und Schminke. Bevor das Schuljahr losgeht, ziehen sie mit ihren Eltern durch die Geschäfte, um sich beim *"Back-To-School-Sale"* komplett neu einzukleiden.
Die Mädels quasseln auch über Diäten. Und natürlich Jungs!
Die Themen meiner Freundinnen im heimatlichen Gymnasium sind vorrangig Greenpeace, Führerschein, nervige Lehrer und natürlich Jungs!

In der High School erfahre ich, dass ich nicht die einzige Austauschschülerin in Ukiah bin. Zehn weitere Jugendliche aus fernen Ländern teilen das gleiche Schicksal mit mir.
Jason und ich sind die beiden Rotary-Austauschschüler am Start. Alle anderen sind durch diverse Organisationen entweder aus Spanien, Norwegen, Finnland oder ebenfalls aus Deutschland hierher gekommen.
Zwei von ihnen, Kirstin und Cristina, werden zu meinen besten Freundinnen, andere laufen mir im gesamten Schuljahr nur ganz selten über den Weg.

Rodeo

Boonville, Sonntag, 20. September 1987

Alec fährt mit Vivien und Grace, den beiden *High School Girls*,
die nebenan wohnen, sowie meiner Wenigkeit nach Boonville.
Die Fahrt in den Ort, der rund tausend Seelen zählt, dauert
vierzig Minuten. Hier ist heute *Rodeo*.
Ich kann ich mir nicht vorstellen, dass es so etwas wirklich
gibt, außer im Film. Aber nun soll ich in den Genuss einer
echten amerikanischen Tradition kommen.

Rodeos gehören seit dem Ende des 19. Jahrhunderts zu den
Vergnügungen der ländlichen Bevölkerung und sind bis dato
ein wichtiger Bestandteil des Lebens im Süden und im Westen
der USA.
Dieser Ausflug mit den Schulkameradinnen aus der Nachbarschaft, ist ein Geschenk an mich, worüber ich mich sehr freue.

Zunächst besuchen wir die Wettbewerbe zum Thema Vieh-
zucht. Prämiert werden die besten/größten/hübschesten Rinder, Hühner, Schafe und Kaninchen. Aussteller von den um-
liegenden Farmen präsentieren hier ihr aber auch Obst, Gemüse, Blumen, *Patchwork*-Decken und selbstgemachte Kunst-
gegenstände.
Dann nehmen wir unsere Plätze auf der überdachten Zuschauertribüne ein. Jede von uns Mädels ist mit Zuckerwatte
und Cola ausgestattet.

Ich schaue mich um und sehe eine bunte Menschenmischung aus jung und alt; Typen mit langen Haaren in denen grüne Federn schimmern, Trucker mit verfilzten Bärten, Mexikaner, Indianer und endlich Cowboys!

Diese Bilder werden gewürzt mit Staub, dem Duft der Tiere und und dem Blöken der Rinder. Zusammen wird dann alles bei vierzig Grad Celsius durch die Luft gewirbelt. Eine prickelnde Atmosphäre entsteht.

In der sandigen Rodeo Arena, ziehen die ersten Cowboys auf ihren Pferden ein und schwingen die Lassos. Es geht darum, Kälber am schnellsten einzufangen, niederzuwerfen und zu fesseln. Die Geschwindigkeit dieser Disziplin und die Geschicklichkeit der Männer überraschen mich. Es dauert nur Sekunden, bis ein kleines Rind bewegungsunfähig gemacht ist.

Weiter geht es mit dem *Saddle Bronc Riding*: Welcher Cowboy hält sich am längsten im Sattel des bockenden Gauls? Die Pferde sind wild, das ist nicht zu übersehen.

Es sind mutige Jungs, die so etwas machen. Die Cowboys riskieren im wahrsten Sinne des Wortes Kopf und Kragen.

In Boonville stehen aber am Ende alle wieder mit zwei Füßen beziehungsweise vier Hufen auf der Erde. Cowboys und Tiere dürfen sich von den Strapazen erholen.

Auf der Heimfahrt nehmen wir Mais und Salat von der Ranch von Alecs Eltern mit, um das Abendessen damit zu bereichern.

Die Fahrt durch die vertrocknete Landschaft hat Spaß gemacht und beim Sonnenuntergang denke ich noch an die tollkühnen Cowboys, die ich heute sehen durfte. Was für ein Glück, so etwas einmal live erleben zu dürfen.

Football und Deutschunterricht

Ukiah, im September 1987

Freitags ist in der High School immer *Rally* angesagt. Das ist eine Art Pausenparty, wobei die Musik so laut aufgedreht wird, dass man sich vom Lautsprecher die Haare föhnen lassen könnte.

Die *Cheerleader* der *Wildcats* treten als erste auf, um erst einmal tanzend und singend für Stimmung zu sorgen. Dann wird der Direktor der Schule von echten Polizisten in Handschellen abgeführt. Wasserbomben fliegen über das *Tri* und an jeder Ecke kann man sich Pommes, Popcorn oder Nachos kaufen. Ist ein bisschen wie Kirmes, nur eben in der Schule.

Einer der Footballspieler brüllt dann den Schlachtruf über das Mikrophon und die Menge antwortet: *Give me a "U"; give me a "K"; give me an "I"; give me an "A"; give me an "H"; What does that spell?*

„*UKIAH!!!*"

Es folgt ein "*Striptease*" von acht Jungs der Senior class. Nur die Oberkörper werden blank gezogen, denn wir sind immer noch in der Schule und nicht auf der Reeperbahn.

Die Mädchen kreischen. Man kann sich nicht entziehen.

Nach anfänglichem Zögern meinerseits und der Fragen „Was machen die hier eigentlich? Sind die total durchgeknallt?", muss ich auch mitmachen. Es ist einfach ein riesiger Spaß, die Schulwoche tanzend und mit Partylaune zu verabschieden.

An diesem Abend gehe ich erstmals zu einem *American Football* Spiel. Mein Begleiter ist Jeff, ein Freund von Jason, meinem australischen „Kollegen".

Jeff holt mich mit seinem uralten, aber sehr gepflegten, Ford-Mustang zuhause ab und fährt mit mir zur High School. Dort darf er auf das Spielfeld des Football Stadions, denn Jeff ist Schulfotograf. Er nimmt mich einfach mit, was super ist.

Manchmal kommen die Spieler mitsamt Ball gefährlich nahe an uns heran und wir rennen los, um den athletischen Körpern auszuweichen, die auf uns zustürmen. Footballspieler der Abwehr müssen vor allem wie eine Wand stehen können. So sehen sie auch aus: breites Kreuz und viel Masse.

Ich lerne heute Abend was ein *Touch Down* und was ein *Field Goal* ist. Da ich viele Spieler und Cheerleader der Schule inzwischen kenne, fühle ich mich wie ein Teil des Ganzen.

Die *Marching Band* der High School sorgt in der Pause für Musik. Die Stimmung könnte nicht besser sein: Ukiah gewinnt gegen das Team der El Molino High School 49:0. Das nenne ich einen Saisonauftakt!

Nach dem Spiel ist Schuldisco in der Turnhalle, mit Live Band. Alle tanzen und ich kann mich endlich so richtig austoben.

Um 0:30 Uhr fährt Jeff mich nach Hause. Er bietet mir an, mich nun jeden Tag zur Schule mitzunehmen. OK, so brauche ich nicht den Schulbus zu nehmen. Ab Montag fahre ich im weißen Mustang mit Jeff und Jason, den wir unterwegs ebenfalls einsammeln. Es ist natürlich auch viel cooler mit den Jungs als mit den „Kleinen" im Bus zu fahren.

Dass man in Kalifornien bereits mit sechzehn Jahren Auto fahren darf, gibt den Jugendlichen hier eine große Unabhängigkeit.

Was ich dann wiederum erstaunlich finde, ist das *Drinking Age*. Erst im Alter von einundzwanzig Jahren darf man Alkohol kaufen; das schließt auch Bier und Wein ein.

Ich habe meinen deutschen Führerschein zwar schon in der Tasche, aber Autofahren darf ich während meines Austauschjahres hier nicht, denn ich bin an die Rotary-Regeln gebunden:

no driving, no alcohol, no drugs, no sex.

Bei Verstoß droht die Abschiebung nach Hause. Alkohol im Kreise der Gastfamilie ist inoffiziell erlaubt, dann „haften" die Gasteltern.

An diesem Mittwochnachmittag bekomme ich Besuch von meinem „Schüler": Ashley, ebenfalls ein *Senior* der High School, möchte ab sofort bei mir deutsch lernen. Ich überlege mir nun Vokabeln und Sprachübungen.

Kennengelernt habe ich Ashley in der American Institution Klasse. Er besucht mich fortan wöchentlich und lernt fleißig. Deutsche Grammatik ist kompliziert, stelle ich hierbei fest.

Für jemanden, der Englisch als Muttersprache hat, ist es unvorstellbar, drei anstelle eines bestimmten Artikels zu haben. Wieso heißt es **der** Tisch, **die** Blume und **das** Mädchen? Und dann die persönliche Anrede! Entweder mit „Du" oder „Sie". Ich habe mir bisher nie dazu Gedanken gemacht.

Ashley gibt sich besonders bei der korrekten Aussprache viel Mühe und beeindruckt mich mit Äs und Ös, die richtig gut über seine Lippen kommen. Nach nur drei Unterrichtsstunden kann er schon das komplette Alphabet aufsagen und ein Verb konjugieren. Ich bin mächtig stolz auf ihn.

Im Gegenzug gibt Ashley mir die Nachhilfe in American Institution, die ich sehr gut gebrauchen kann.

Wenn wir mit dem Deutschunterricht fertig sind, besucht er meistens das *High-School-Girl* Vivien im Haus nebenan.

Ich glaube, die beiden sind dabei, ein Paar zu werden. In der Landessprache hier sagt man: *They are dating.*

An diesem Abend gehen Ashley, die Schwestern von nebenan und ich zusammen ins Kino und sehen den Film "*Dirty Dancing*".

Als absoluter Tanz-Freak, bin ich von diesem Streifen komplett begeistert. Ich kann die Füße unter dem Kinositz kaum still halten. Wir Mädels himmeln Patrick Swayze auf der Leinwand an und kommen reichlich aufgekratzt aus dem Kino wieder raus.

Das Lied „***I had the time of my life***" geht mir nicht mehr aus dem Kopf.

Es soll zur Hymne meines Austauschjahres werden!

Aus einer anderen Welt

Ukiah, Samstag, 26. September 1987

Ich bin total durcheinander.

Tina ruft mich ans Telefon:

„Es ist für Dich, Susi. Ein Anruf aus Deutschland!"

Mein Freund ist dran und ich weiß gar nicht, was ich sagen soll. Zum einen suche ich verzweifelt nach den deutschen Wörtern (die mir nicht einfallen wollen), zum anderen kann ich meine Gefühle nicht beschreiben. Ich bin einfach zu überrumpelt.

Chris erzählt mir, dass ein Päckchen für mich unterwegs sei. Darin befände sich seine Armbanduhr,

„damit Du immer weißt, welche Uhrzeit gerade in Deutschland ist."

Die Idee finde ich so rührend, dass ich weiter nach den den richtigen Worten suche.

„Ich werde die Uhr jeden Tag tragen. Sag mal, wie spät ist es denn jetzt bei Euch?"

„Kurz vor 23:00 Uhr".

Das ist für mich immer wieder ein Phänomen:

Wenn in Deutschland der Tag bereits endet, kommt er hier gerade erst in Schwung.

Die Stimme meines Freundes klingt durch das Telefon ganz nah und doch wie aus einer anderen Welt. Eine Stimme aus der Welt, aus der ich komme. Mir wird bewusst, dass ich sie vor vier Wochen zuletzt gehört habe und dass es noch unendlich lange dauern wird, bis wir uns wiedersehen.

Telefonieren ist etwas anderes als Briefe schreiben. Schlagartig fehlt Chris mir unendlich. Es fließen Tränen. Wie sollen wir das weitere zehn Monate überstehen?

Am gleichen Tag kommt auch ein Brief meiner besten Freundin aus dieser anderen Welt. Ich sehe die Handschrift und weiß sofort, wer mir die Zeilen schickt, die ich verschlinge:

Salut Susi!
Wenn Du wüsstest, wie ich Dich vermisse! Wenn ich das Geld hätte, würde ich noch morgen nach Ukiah kommen.

Wie lange brauchen eigentlich meine Briefe, bis sie bei Dir ankommen? Deine sind fünf Tage unterwegs. Bald muss ich mir wohl eine Mappe anlegen, um Deine Post aufzubewahren. Schick mal ein Foto von Jeff. Du hast mir schon so viel von ihm berichtet.
Katherines Deutsch wird zunehmend besser. Wenn ich das nächste mal ins Theater gehe, frage ich sie, ob sie Lust hat mitzugehen.

Na, wenn ich so die letzte Postkarte von Dir lese, sehe ich zwischen den Zeilen eine gewisse Melancholie durch scheinen.
Natürlich wirst Du Dich verändert haben, wenn Du wiederkommst; sicherlich mehr als wir hier. Aber wenn Du hier geblieben wärst, hättest Du Dich auch verändert. Das Leben geht nun mal weiter, egal ob in Bielefeld oder in Ukiah.
Und wenn Dein Jahr zu Ende geht, wirst Du bestimmt auch mal dorthin zurückfliegen und Deine neuen Freunde

besuchen können. Ukiah ist dann ja nicht aus der Welt. Ich kann mir gut vorstellen, dass das Heimweh manchmal groß ist, aber schließlich dauert ein Jahr auch keine Ewigkeit.

Versuche, so viele Erfahrungen wie möglich zu machen, und vergiss sie bloß nicht, damit Du sie uns alle wiedergeben kannst. Ich bin schon heiß auf Deine Berichte.

Ich hoffe, dass ich durch Deine Schilderungen Amerika etwas besser kennenlernen werde. Vielleicht kannst Du uns Daheimgebliebenen auch helfen, einige Vorurteile, die man nun mal von einem Land hat, abzubauen.

Manchmal wünschte ich, ich könnte einfach so bei Dir sein. Aber ich weiß auch ganz genau, dass ein Jahr fern von zuhause in einem fremden Land, angewiesen auf andere Menschen, für mich furchtbar wäre.

Ich habe schon immer Deine unkomplizierte Art bewundert. Ich würde vermutlich an allen Ecken und Kanten irgendwelche Probleme entdecken.

Ich glaube, man merkt erst, was einem ein Mensch bedeutet, wenn man eine Zeit lang von ihm getrennt ist. Es ist geradezu unglaublich, dass Du schon vier Wochen weg bist. Mir kommt es vor, als hätten wir uns gestern das letzte mal gesehen.

Puh, das ist ein sehr persönlicher Brief geworden. Aber ich dachte, dass Du das jetzt mal brauchst.

Denk daran, wie viel Glück Du hast, und nutze die Zeit! Lebe im Jetzt und nicht im Morgen (sehr philosophisch, gelle?).

Ach Susi, die nächsten Monate, bis wir uns wiedersehen, schaffen wir auch noch.

Es knuddelt und drückt Dich ganz feste,
Deine Janine

Janine ist wie eine Schwester für mich. Wir sind Tür an Tür aufgewachsen, sind gemeinsam durch den Kindergarten getobt und haben jeden Geburtstag miteinander gefeiert.

Als wir zehn Jahre alt waren, lagen wir nebeneinander im Gras, schauten in den Himmel und besprachen, welches T-Shirt und welche Haarspange wir am nächsten Tag tragen würden, damit wir wie Hanni und Nanni aussähen.

Kein Mensch kennt und versteht mich so gut wie sie.

Als wir aus dem „Spiele-Alter" raus wuchsen, entdeckten wir eine neue gemeinsame Leidenschaft für uns: den Tanz.

Ballettmusik ertönte fortan aus den Kassettenrekordern unserer Kinderzimmer und wir dachten uns Choreographien aus. Wir schafften es, Schwanensee in ein Zwei-Tänzerinnen Stück zu verwandeln, wobei wir auch noch das Bühnenbild selbst malten.

Dank Bielefelder Programmkino erlebten wir das Musical West Side Story auf der Leinwand und heulten beide, als Tony in den Armen seiner Maria starb.

Aus kleinen Ballerinas wurden Musical Tänzerinnen, die lernten, Gefühle in Tanzschritten auszudrücken.

Das Wohnzimmer von Janines Familie und die Werkstatt meines Vaters wurden zu Tanzstudios umfunktioniert, in denen wir uns immer neue Choreographien ausdachten.

So konnten wir uns bestens von der Schule und anderen langweiligen Themen ablenken.

Jetzt wird mir schmerzlich bewusst, dass mir nicht nur meine beste Freundin, sondern auch meine Tanzpartnerin unglaublich fehlt.

Homecoming

Ukiah, Freitag, 16. Oktober 1987

Nach der Schule zieht die *Homecoming Parade* durch den Ort.
Ich fühle mich wie beim Rosenmontagsumzug in Köln, es fehlen nur die Kamelle.

Ein Zug dekorierter Wagen rauscht an mir vorbei und die
High School Kids, die bunte Kostüme tragen, singen und feiern, bis sie wieder in der Schule ankommen.

Jede Jahrgangsstufe tritt gegeneinander an und versucht mit
den schönsten Kostümen, den aufwendigsten Wagen und der
besten Party diesen Wettbewerb zu gewinnen. Als erster Preis
winkt die *Spirit Bell*, eine Glocke als Symbol für die Klasse mit
dem meisten Schulstolz.

In diesem Jahr geht der erste Platz an die *Sophomore-Class*, die
sich zum Motto „Alcatraz" als Gefängnisinsassen verkleidet
hat. Sie haben sich total viel Mühe gegeben und ich bewundere ihren Fleiß.
Was ich hier und heute erlebe, ist das krasse Gegenteil von
meiner blassen, langweiligen Schule in Bielefeld, wo nie auch
nur ein Hauch von Party durch die Lehranstalt weht.

Homecoming soll vor allem die ehemaligen Schüler, die bereits
die High School verlassen haben, dazu einladen, wieder nach
Hause zu kommen, um stolz auf ihre eigene Schulzeit zurückzublicken. Neben der Parade steht das heutige Fotoballspiel
im Mittelpunkt.

Es scheint, dass alle Einwohner heute hier im Stadion sitzen. In der Halbzeitpause steigen Luftballons in den Schulfarben in den Himmel, begleitet von der Musik der Marching Band.

Anschließend werden die fünfzehn Homecoming Paare, die in Limousinen ins Stadion einfahren, vorgestellt. Eines dieser Paare wird heute Abend als *Homecoming King & Queen* gekrönt, wobei für mich alle jetzt schon wie königliche Blaublütige aussehen. Die jungen Damen tragen Ballkleider, die jungen Herren stecken im Smoking. Die Stimmung ist phantastisch, die gute Laune ist ansteckend. Was für ein Spektakel!

Jedes Paar repräsentiert eine Klasse oder Sportart der Schule. Auch zwei Austauschschüler sind dabei: Jan und Kirstin, beide aus Deutschland, treten als Vertreter der Marching Band an. Kirstin trägt ein schwarzes Prinzessinnen-Kleid und ich erkenne sie kaum wieder.

Gestern haben wir das *Homecoming* Paar in der Schule gewählt, wobei es ausschließlich um Beliebtheit geht. Kirstin und Jan haben wenig Chancen auf den Sieg, denn sie sind auch erst seit zwei Monaten hier und haben logischerweise nicht so viele Freunde, wie ihre Konkurrenten.

Trotzdem finde ich es schmeichelhaft, dass die Band ausgerechnet diese beiden aus ihren Reihen aufgestellt hat. Das zeigt mir, dass es hier nicht so sehr um das Gewinnen geht; dabei sein ist alles. Heute steht die Gemeinschaft der Schüler ganz klar im Fokus.

Ich sitze auf der Zuschauertribüne des Stadions und lerne beim *Homecoming Football*-Spiel auch meine nächsten Gasteltern kennen.

Alec stellt sie mir vor:

„Das sind Roger und Debbie, die Dir ab November ein neues Zuhause geben werden".

Ich erfahre, dass ich Einzelkind-Status bekommen werde, denn die beiden haben keine eigenen Kinder.

Roger und Debbie sind siebenunddreißig Jahre alt, machen einen sehr sportlichen Eindruck auf mich und sind mir sofort sympathisch. Sie wohnen weiter nördlich als meine aktuelle Gastfamilie, was meinen Schulweg um einige Minuten verkürzen wird. Beide sind praktisch immer zuhause, da sie ihr Versicherungsbüro im eigenen Haus haben.

„Im Winter wollen wir mit Dir am Lake Tahoe Ski fahren. Wäre das etwas für Dich?", fragt Debbie mich so ganz nebenbei.

Na, und ob! Ich schreibe gleich noch heute einen Brief an meine Eltern, mit der Bitte, mir meine Skiklamotten zu schicken. Ein Paket ist deutlich länger unterwegs, als ein Brief, daher kann dieser Auftrag nicht warten.

Ich bin bei Alec, Tina und Casey heimisch geworden, trotzdem freue ich mich nun auf die Zeit bei Roger und Debbie. Das wird eine andere Erfahrung werden und ich habe inzwischen richtig Spaß daran gefunden, ständig etwas Neues auszuprobieren. Ob Sportarten, fremdes Essen oder was auch immer.

Mein neues Motto lautet: Ich probiere alles aus!

Snoopy-Lauf

Santa Rosa, 24. - 25. Oktober 1987

Meine zukünftigen Gasteltern, Roger und Debbie, haben mich eingeladen, das Wochenende mit ihnen zu verbringen. Wir fahren nach Santa Rosa, was eine Stunde Fahrt auf dem Highway 101 Richtung Süden bedeutet.
Dort haben sich Roger und Debbie vor zwanzig Jahren im College kennen- und liebengelernt. Hier leben auch die meisten von Debbies Verwandten.

Zunächst besuchen wir Debbies jüngere Schwester Peggy, deren Mann Guy und ihren zwei-jährigen Sohn Nathan, bevor wir dann zu Debbies Vater Skip und seiner Frau Bev fahren.
Bev ist Debbies Stiefmutter, denn die Eltern sind geschieden. Besonders Skip ist ein sehr lustiger Mann mit wachen Augen und einem kleinen grauen Schnurrbart.

Auf den Luxus, der mich nun erwartete, bin ich nicht vorbereitet: Ein Traumhaus, auf einem Berg positioniert, mit Blick auf die Stadt Santa Rosa. Die Villa ist von einer umlaufenden Terrasse eingefasst, inklusive Pool, Whirlpool und Fischteich.
Nach einer Hausführung schlürfen wir eiskalte Drinks im Wohnzimmer, wo ein überdimensionaler Fernseher thront, mit dem man vierundzwanzig (!) Programme empfangen kann.

In Deutschland sind RTL und SAT1 gerade in den Kinder-schuhen. Seit wir in Deutschland fünf Fernsehsender haben, fühlen wir uns schon fortschrittlich.

Eine weitere technische Sensation meiner „Gast-Großeltern": Der Videorekorder lässt sich mit der Fernbedienung steuern. So etwas hatte ich noch nie gesehen. Ich bin im Technik-Schlaraffenland.

Wir übernachten in diesem wunderschönen Haus, in dem ich mich willkommen fühle. So stelle ich es mir vor, wenn man es vom Tellerwäscher zum Millionär geschafft hat. Wobei ich keine Ahnung habe, ob Skip jemals ein Tellerwäscher war.

Am Sonntagmorgen treten wir beim *Snoopy-Race* an, ein Jedermann-Rennen, bei dem Geld für einen guten Zweck gesammelt wird. Skip, Bev und ich laufen drei Meilen; Roger und Debbie joggen sieben Meilen. Charles Schulz, der „geistige Vater" von Charlie Brown und Snoopy wohnt ebenfalls in Santa Rosa. Er hat eigens für diesen Lauf ein Snoopy T-Shirt kreiert, das jeder *Finisher* bekommt. Eine schöne Erinnerung an ein Familien-Event, das ich so richtig genieße.

Die Vorfreude auf meinen Umzug zu Roger und Debbie steigt, denn ich weiß, dass wir uns prima verstehen werden.

Zurück in Ukiah öffnet Casey mir die Haustür, als Roger und Debbie mich zuhause absetzen. Sie zieht mich ins Haus, drückt mich ganz fest und murmelt:

„My big sister is back at home."

„Ach Casey, das hast Du lieb gesagt. Ich bin auch ganz glücklich wieder zuhause zu sein."

Halloween

Ukiah, 30. - 31. Oktober 1987

Karneval in Ukiah: Es ist Halloween! Alle kommen verkleidet in die Schule (auch die Lehrer).

Tina leiht mir zu diesem Anlass ein Clown-Kostüm, das sie im letzten Jahr getragen hat. In der Schule begegnen mir Punks, Babys, King Kong, Schneewittchen, Piraten, um nur einige zu nennen.

Wie schon beim *Homecoming* stelle ich fest: Bei jeder Gelegenheit wird gefeiert und alle machen mit. Natürlich gibt es hier auch Cliquen und Grüppchen, aber wenn es um die High School geht, sind alle Schülerinnen und Schüler stolz dabei. Die Sportmannschaften, Events, Rallys und Feiern bringen uns zusammen, es macht Spaß. Schule ist nicht nur ein Ort zum Lernen, das habe ich inzwischen verstanden.

Am Halloween Abend besuchen Alec, Tina, Casey und ich ein Fest in Caseys Grundschule. Tina geht als *Cowgirl* und Casey als Zwerg.

Als ich Alec nach seinem Kostüm frage, winkt er ab und kommentiert lachend den Verkleidungs-Hype: „Leave me alone! Lasst mich damit in Ruhe!"

Es wird herbstlich und die Blätter der Weinreben färben sich bunt. Die Temperaturen liegen tagsüber zwar noch um die zwanzig Grad Celsius, aber nach Monaten der Dürre, kommt jetzt endlich der erste Regen.

Dankbar nimmt das Gras die Wassertropfen auf, die von den Wolken ins Tal gebracht werden. Die Berge ringsherum bekommen ein grünes Kleid. Ein Hauch von *Indian Summer* weht durch Ukiah.

Im Haus meiner Gastfamilie knistert an den Abenden ein Feuer im Kamin. Das Holz stammt selbstverständlich von der Familien-Ranch. Ich finde das sehr gemütlich.

Da in meiner Gastfamilie in den letzten Tagen ständig ein Geburtstag gefeiert wurde, passt mir meine Jeans jetzt nicht mehr. Die Kuchen mit Zuckerüberzug, sowie leckeres *Icecream* bleiben auf den Hüften, obwohl ich täglich im Sportunterricht Tennis spiele und ganz regelmäßig joggen gehe.

Das gehört leider zu meinen sichtbaren Veränderungen.

Neues Styling

Ukiah, Freitag, 13. November 1987

Es hat die ersten Quartals-Zwischenzeugnisse gegeben, und ich bin total zufrieden mit meinen Zensuren.

Zur Feier des Tages würde ich gern mit einem frisch gezapften deutschen Bier anstoßen oder eine gepflegte Tasse Cappuccino schlürfen. So etwas gibt es hier aber nicht. Sowohl amerikanisches Bier als auch der Kaffee schmecken eher wie „Spülwasser". Das sind die Momente, die ich Heimweh nenne.

Ich gönne mir statt Bier oder Kaffee einen Frisörbesuch.

Spontan beschließe ich, meine Haare wachsen zu lassen und die Übergangslänge mit einer Dauerwelle zu kaschieren.

Das ist nicht ganz billig. Tina schlägt vor, ich solle "den Eingriff" am Beauty College in Ukiah machen lassen, wo Frisöre ausgebildet werden und lebende Objekte zum Üben brauchen.

Ich folge ihrem Rat, sitze wenig später zwei Stunden lang mit Lockenwicklern im Haar, während meine Frisörin mir dabei ihr ganzes Leben erzählt: Sie ist knapp einundzwanzig Jahre alt und hat drei Kinder.

Sie war das erste mal mit fünfzehn Jahren schwanger, hat keinen Schulabschluss und kann nicht besonders gut lesen oder schreiben. Klavier und Schlagzeug hingegen beherrscht sie sehr gut, wie sie mir mitteilt. Aus Kalifornien ist sie noch nie rausgekommen; sie besitzt weder Auto noch Fernseher.

Warum ich das alles aufschreibe? Ich habe eine junge Frau kennengelernt, die ganz anders ist, als ich es bin.

Ich finde es interessant, zuzuhören und das geht ihr wohl genau so. Sie fragt mich komplett aus und will alles über mein Leben in Deutschland wissen.

Besonders berührt hat mich, als sie mir erzählt, dass viele Menschen auf sie herab sehen, weil sie schon so jung schwanger wurde und nicht verheiratet ist. Trotz allem hat sie ihren Optimismus nicht verloren.

Jetzt macht sie eine Ausbildung, die zu einem Job führen soll, mit dem sie sich und ihre Kinder über Wasser halten kann. Dafür zolle ich ihr höchsten Respekt.

„Kinder zu haben", sagt sie, „ist trotz all der Schwierigkeiten das Schönste auf der Welt. Wenn ich meine lachen höre, dann kann mich so schnell nichts umhauen."

Die Zeit im Beauty College vergeht viel flotter als gedacht. Nachdem ich neunundzwanzig Dollar auf den Tisch lege, komme ich gedankenverloren und oben rum komplett erneuert, wieder auf die Straße.

Die nette Frisörin in Ausbildung hat einen sehr guten Job gemacht. An ihrer Arbeit kann ich nichts beanstanden und ich hätte bei einem „richtigen" Frisör vierzig-fünfzig Dollar für eine Dauerwelle gezahlt. Danke für den Tipp, liebe Tina!

Alec kommt heute ganz euphorisch nach Hause, da er einen Auftrag zur Lieferung von fünfzehn neuen Computern bekommen hat. Er lädt die ganze Familie spontan zum Essen ins Chinarestaurant ein und wir stoßen mit *7Up* an. Meine neuen Locken wippen fröhlich im Takt der guten Laune mit.

Eine Nomadin zieht um

Ukiah, Samstag, 21. November 1987

Abschied ist immer doof. Ich bin nun doch traurig, das Haus meiner ersten Gastfamilie nach drei Monaten zu verlassen.

Natürlich darf ich jeder Zeit zu Besuch kommen. Aber das ist anders, als dort zu wohnen.

„Wenn es Dir bei den neuen Gasteltern nicht gefällt, komm einfach zurück", gibt Casey mir mit auf den Weg. Ich muss lächeln.

Mit meinen Koffern in der Hand fühle ich mich wie eine Nomadin.

Besonders die schönen Wochenenden auf der Familienranch, oder die gemeinsamen Abende am Kamin, werde ich vermissen. Zum Abschied schenkt Tina mir ein Kuscheltier: eine weiße Katze. Natürlich, was denn sonst?

„Du hast Cotton immer so gern auf den Arm genommen und gestreichelt".

Ich nenne meine neue Begleiterin natürlich auch *Cotton* und kämpfe mit den Tränen.

Mit dem Umzug zu Roger und Debbie beginnt ein neuer Abschnitt meines Austauschjahres. Auch für die beiden ist dies eine neue Erfahrung, denn sie hatten noch nie eine Austauschschülerin oder einen Austauschschüler bei sich.

Ich merke sofort: Sie freuen sich darüber, dass ich da bin. Ich werde mit Umarmungen begrüßt und überhaupt wird hier sehr viel geknuddelt. Das tut richtig gut.

Meine neue Unterkunft ist für amerikanische Verhältnisse schon alt, mit über hundert Jahren "auf dem Buckel".

Hier gibt es zwar keine Haustiere oder weitere Kinder, aber einen Fitnessraum, zwei Büros und einen schönen Garten.

Ins Haus gelangt man durch die Haustür auf der Straßenseite, wobei man drei Stufen hinaufsteigt und eine weiße überdachte Holzveranda betritt. Dieses Vordach wird von vier Säulen getragen, zwischen denen Blumentöpfe mit Geranien stehen. Meistens fahren wir mit dem Auto in den Garten und nehmen die Hintertür, um das Haus zu betreten.

Im ersten Stock beziehe ich mein Quartier. Es ist geräumig und hell, allerdings kahl. Das muss sich dringend ändern und ich darf Poster anbringen, wie es mir beliebt. Rund um den Schreibtisch hänge ich Fotos von meinen Lieben in der Heimat, eine Deutschlandkarte und Bilder von Kalifornien, meinem neuen Zuhause. Jetzt ist es schon viel behaglicher.

Dann räume ich meine Sachen in den großen Wandschrank, den Roger höchstpersönlich gezimmert hat.

Zwei Fenster befinden sich auf der Gartenseite, frische Luft weht herein. Ich höre ich nur das Rauschen der hohen Bäume, die neben dem Haus stehen und Schatten spenden, so dass es in den Räumen unterm Dach nicht zu heiß wird. Meinem Zimmer gegenüber liegt mein eigenes Bad.

Ich kann mich so richtig ausbreiten, hatte noch nie zuvor so viel Platz für mich.

Roger und Debbie haben ihr Schlafgemach mit Bad und begehbarem Kleiderschrank nebenan.

Im Erdgeschoss gibt es ein weiteres Gästezimmer mit Bad, sowie die Büros, Wohnzimmer, Küche und Esszimmer. Alles ist ganz anders als im ersten Gastfamilienhaus, und ich orientiere mich neu.

Ein Brief meiner Eltern informiert mich darüber, dass auch Katherine (unsere kalifornische Austauschschülerin in Bielefeld) zu einer anderen Gastfamilie umgezogen ist.

Jetzt sind meine Mutter und mein Vater kinderlos: Mein Bruder macht eine Ausbildung in Süddeutschland, Katherine ist bei der zweiten ostwestfälischen Gastfamilie angekommen und ich bin Ukiah. Es dürfte nun sehr ruhig in meinem Elternhaus zugehen.

Ohnmacht vor Sonnenaufgang

Ukiah im November 1987

Roger und Debbie sind unglaublich lieb, offen und lustig. Beide treiben viel Sport und sehen entsprechend fit aus.

Wenn man Roger anschaut, fallen einem als erstes die Lachfältchen um die Augen herum auf.

Debbie hat kurzes schwarzes Haar und ist super schlank. Sie ist Vegetarierin, was Roger aber nicht davon abhält Hot Dogs, Steaks und *Junk Food* in sich hinein zu schaufeln, wenn sich die Gelegenheit dazu bietet.

Die beiden haben im jugendlichen Alter von neunzehn Jahren in Santa Rosa geheiratet und sind somit schon ein „altes" Ehepaar. Sie haben sich zwar immer Kinder gewünscht, aber leider keine bekommen. So entschieden sie sich, Pflegekinder aufzunehmen: Betsy und Ole.

Die Geschwister kamen aus einem Elternhaus, in dem es aufgrund der schizophren veranlagten Mutter so kinderunfreundlich wurde, dass die Kirchengemeinde, mit Zustimmung der Eltern, eine Pflegefamilie suchte. Als die Kinder zu Roger und Debbie kamen, war Betsy drei Jahre alt und Ole steckte noch als Baby in den Windeln.

Roger und Debbie gaben den beiden Liebe, ein Zuhause und eine Erziehung. Sie ließen sich mit *Mom* und *Dad* anreden und fielen in ein sehr tiefes Loch, als die Kinder nach drei Jahren auszogen, um fortan bei ihrem leiblichen Vater zu leben. Das ist nun zehn Jahre her.

Nach diesem Erlebnis waren Roger und Debbie so traumatisiert, dass die Themen „Pflegekinder" oder „Adoption" vom Tisch waren. Nach dem Verlust von Ole und Betsy war die Angst zu groß, nochmal derartige seelische Schmerzen zu durchleben.

„*God had different plans for us*", erzählt Debbie mir und berichtet von ihrer ehrenamtlichen Arbeit bei der Jugendgruppe ihrer Kirche. Dort können sie Kindern und Jugendlichen Gutes tun, ohne die Bindung zu intensiv aufzubauen. Damit fühlen beide sich wohl. Und nun haben sie mich dazu bekommen.

Ein ganz großer Unterschied zu meiner ersten Gastfamilie ist die Tatsache, dass Roger und Debbie zuhause arbeiten. Wenn ich von der Schule komme, sind sie in der Regel daheim. Manchmal gibt es auch Kundentermine im Haus. Ständig bimmelt das Office-Telefon. Es wird niemals ganz still hier.

Roger und Debbie sind sehr religiös und gehen regelmäßig in die Kirche, wohin ich sie Sonntagmorgens gern begleite. Schon bald fühle ich mich ebenfalls wie ein Mitglied der *Grace Lutheran Church*.

Die Gottesdienste dieser evangelischen Kirche sind freundlicher und lebensnäher, als die meiner Gemeinde in Deutschland. Sowohl der Pastor, als auch die Kirchgänger sind lockerer und heißen mich in ihrer Mitte herzlich willkommen.

Hier treffe ich weitere Bekannte wieder: Vorneweg Hilde und Walter, die lustigen deutschsprachigen Fast-Rentner, die bei Jasons Gasteltern gegenüber wohnen.

Ich sehe auch eine meiner High School Lehrerinnen, sowie andere Rotarier und Nachbarn in den Kirchenbänken sitzen.

Nach den Gottesdiensten gesellt man sich bei *Cookies and Coffee* und plaudert miteinander, bevor man sich einen schönen Sonntag wünscht und auseinandergeht. Eine äußerst freundliche, ja freundschaftliche Atmosphäre.

Ansonsten geht es in meiner zweiten Gastfamilie sportlich zu. Roger spielt regelmäßig Volleyball, Basketball und trainiert in einem Fitness Studio, das Debbie ebenfalls besucht. Beide laufen Wasserski, spielen Golf sowie Tennis und wedeln im Winter die Skipisten hinab.

Oha, mein Leben hier ändert sich somit von ehr gemächlich zu sehr aktiv.

Drei mal wöchentlich stehe ich nun um 5:30 Uhr auf und fahre mit meinen neuen Gasteltern noch vor Sonnenaufgang in den *Health Club*, das besagte Fitness Studio. Bereits vor dem Frühstück wird trainiert.

Beim ersten Besuch im Club habe ich meine Fähigkeiten überschätzt und kippe nach *Workout*, Schwimmen und Saunabesuch prompt in der Dusche um. Debbie, die neben mir im Duschraum steht, bekommt einen ordentlichen Schreck, als sie nur noch meine verdrehten Augen sieht. Sie versucht, mich am Arm festzuhalten, aber ich schlage trotzdem ziemlich hart mit dem Kopf auf und habe den Rest des Tages einen Brummschädel.

Lektion gelernt: Auf dem Weg zum Health Club erst mal eine Banane oder ein paar Weintrauben essen, damit der Zuckerspiegel nicht ganz so tief ist!

Debbie erzählt bei jeder Gelegenheit immer wieder die Geschichte:

"Am ersten Tag bei uns, ist Susi unter der Dusche ohnmächtig geworden und hat mich dabei zu Tode erschreckt. Was für ein Einstieg!"

Mein Schulweg ist durch den Umzug kürzer geworden und ich laufe oft von der Schule nach Hause. Dieser Spaziergang dauert eine halbe Stunde. Eine angenehme Möglichkeit, den Kopf frei zu bekommen, da es nicht mehr so heiß ist und ich den milden Herbstwind genieße, der mir sanft um die Nase weht.

Natürlich bin ich auch an diesem Ende der Ortschaft die einzige Fußgängerin weit und breit.

Thanksgiving

Thanksgiving ist hier ein ganz großes Fest, bei dem traditionell die Familie zusammen kommt.

Es wurde von den ersten Einwanderern, den *Pilgrims*, eingeführt, die 1620 in Plymouth, Massachusetts mit dem Schiff *Mayflower* landeten und sich in der Neuen Welt zurechtfinden mussten. Es gab bei ihrer Ankunft weder Häuser noch Gemüseanbau, aber ein harter Winter stand vor der Tür.

Die Hälfte der Besatzung und Passagiere wurde von den Entbehrungen und Krankheiten dahin gerafft. Es waren die Indianer, die den Überlebenden im Frühling zeigten, wie man Mais anbaute, Ahornsirup erntete, Fische aus den Flüssen holte und welche Pflanzen giftig waren. Ohne die Hilfe der *native Americans* hätte vermutlich kein einziger Europäer überlebt.

Die Menschen, die es geschafft hatten, konnten wirklich dankbar sein.

So entstand das amerikanische *Thanksgiving*, das allerdings erst 1863 unter Präsident Abraham Lincoln zu einem offiziellen Feiertag wurde.

Heute wird er mit einem gefüllten Truthahn, Süßkartoffelbrei und anderen leckeren Zutaten gefeiert.

Thanksgiving in Petaluma & San Francisco, 26. - 29. November 1987

Juhu! Ein langes Wochenende. Donnerstag bis Sonntag ist schulfrei. Phantastische Aussichten!

Auf dem Weg nach Petaluma, einer kleinen Stadt zwischen Santa Rosa und San Francisco, wo unsere *Thanksgiving*-Feier bei Rogers Mutter stattfinden wird, holen wir Betsy und Ole ab. Die Pflegekinder, die immer noch einen sehr engen Kontakt zu Roger und Debbie haben, dürfen zweimal jährlich mit ihnen Zeit verbringen.

Da kommen nun ein siebzehnjähriges Mädchen und ein zwölfjähriger Junge ins Auto meiner kinderlosen Gasteltern gestiegen und sagen:

„Hi Mom, Hi Dad!"

Eine seltsame Situation.

Im Haus von Rogers Mutter angekommen, schauen wir auf einen langen gedeckten Tisch, der selbst den der Fernsehfamilie *Die Waltons* in den Schatten stellen könnte. Ich zähle dreißig Plätze.

Roger hat fünf Brüder, deren Vornamen alle mit dem Buchstaben „R" beginnen: Ronald, Robert, Richard, Ross, und Raymond. Die Brüder kommen natürlich mit ihren Familien, so wird jeder Stuhl an der Tafel belegt.

Ich kann mir die Namen aller Anwesenden nicht auf Anhieb merken, gesellig ist es allemal.

Roger, Debbie, Ole, Betsy und ich übernachten heute im Haus von „Onkel" Ron, einem von Rogers Brüdern in Petaluma. Er ist seit einem Schwimmunfall vor achtzehn Jahren an den Rollstuhl gefesselt. Ron's Auto ist behindertengerecht umgebaut: Er fährt über eine Rampe mitsamt Rollstuhl in den Van und steuert diesen nur per Joystick (auch Gas, Bremse und Schaltung).

Ich finde es beeindruckend, wie mobil er trotz seiner Querschnittslähmung ist.

„Onkel" Ron ist mit einer Filipina verheiratet und ihre Tochter ist gleichzeitig ihre Nichte. Sie haben das Mädchen vor einem Jahr aus den Philippinen adoptiert und nach Kalifornien geholt. Eine außergewöhnliche Familie.

Nach dem Frühstück und der Verabschiedung in Petaluma erwartet mich ein weiteres Highlight. Wir fahren in den Yachthafen von San Rafael, in dem die Motoryacht von Roger und Debbie liegt.

Ich bekomme den Mund nicht mehr zu, als ich vom Steg aus auf das Wasserfahrzeug meiner Gasteltern blicke:

Das Boot ist etwa zehn Meter lang, hat sechs Schlafplätze, Dusche, WC, Küche, Salon, oberes und unteres Deck.

Einfach grandios.

Während wir unsere Klamotten und Lebensmittel auf die „*Mutual Fun*" bringen, was „gemeinsamer Spaß" bedeutet, erklärt Debbie mir, wie das Schiff zu seinem Namen kam:

„Skip, Bev, Roger und ich haben es zusammen gekauft, um *gemeinsam Spaß* zu haben. Seitdem ist es ein Familienort zum Wohnen, um auf dem Wasser zu sein und Freunde im Yachtclub zu treffen."

Da ich mit Segelsport aufgewachsen bin, freue ich mich, endlich wieder ein Boot zu betreten. Hier kann ich etwas zur Seefahrt beitragen und zeige meinem Gastvater alle Seemannsknoten, die ich beherrsche.

Mit den Worten:

„Aye Aye, Kapitän Roger! Ihre Bord-Sklavin meldet sich an Deck zum Dienst", erwarte ich weitere Kommandos.

Vorbei an der Gefängnisinsel *Alcatraz* schippern wir nach San Francisco unter einem strahlend blauem Himmel, was für hiesige Verhältnisse nicht selbstverständlich ist. Oft hängen hier die Wolken besonders tief, so dass man auch im Sommer eine Jacke braucht.

Nach sechzig Minuten Bootsfahrt erreichen wir den Yachthafen des berühmten *Pier 39* und bummeln mit Touristenscharen durch die Läden rund um den Anlegesteg. Wir entdecken einen Becher mit der Aufschrift „Slave" (Sklave) und ich bekomme ihn. Mein Titel lautet ab heute „Exchange Slave". Wir entwickeln einen Insider-Humor und bauen uns eine eigene Geschichte auf, ein schöner Spaß.

Nach meiner ersten Nacht in San Francisco erkläre ich die „kühle Schönheit" feierlich zu meiner neuen Lieblingsstadt.

Häuser bis ans Wasser gebaut, hügeliges Auf und Ab der Straßen, untermalt vom Gebimmel der traditionellen Straßenbahnen, der *Cable Cars*, der Blick auf die *Golden Gate Bridge*:

Das alles hat was!

Am Samstagmorgen laufen wir früh zur *Cable Car Station* und sind noch vor den meisten Touristen am Start.

Ich finde so eine Fahrt einfach toll, besonders wenn man auf dem Trittbrett stehend durch die Straßen rollt. In einem Kaufhaus am *Union Square* bewundern wir, in vollem Glanz, den größten Weihnachtsbaum, den ich je gesehen habe.

Ach herrje, es ist ja auch schon fast der 1. Advent! Das kann man hier zwischen Palmen und im T-Shirt bei dreiundzwanzig Grad tatsächlich vergessen.

Nachmittags ziehen wir durch die steilen Straßen von *Chinatown*. Die bunten Schilder mit ihren asiatischen Schriftzeichen können wir nicht lesen, aber die Nase entdeckt würzige Gerüche, die aus den Restaurants heraus dringen.

Beim Blick in die Schaufenster der vielen kleinen Geschäfte sehe ich, dass hier alles voll gepackt ist mit Schmuck, Elfenbeinschnitzereien, Kimonos, Masken, Federn und asiatischem „Schnick Schnack". Wir sind in Fernost, oder?

Das Hochhaus *the Pyramid* mit seiner dominanten Form, die im Verlauf der achtundvierzig Stockwerke nach oben hin immer schmaler wird, ist heute leider geschlossen. Wir können es nur von außen bewundern.

Zu Fuß erklimmen wir den *Nob Hill*, auf dessen Mitte der *Coit Tower* thront. Von hier hat man den besten Ausblick auf die Gefängnisinsel *Alcatraz* und die *Golden Gate Bridge*.

An Ole und Betsy habe ich mich inzwischen gewöhnt. Sie machen alles mit, ohne zu nörgeln. Eher still tauen beide stündlich weiter auf, was vor allem an der lockeren Art meiner Gasteltern liegt.

Hier wird Zurückhaltung weg gelächelt und wenn Roger Grimassen zieht, muss man einfach lachen.

Er ist der geborene Entertainer und Debbie eine sehr fürsorgliche Mama.

Wir fühlen uns wie eine Familie beim Ausflug. Das wir auf so unterschiedliche Weise zu unseren „Eltern" Roger und Debbie gekommen sind, sieht man uns ja nicht an.

Weiter geht es per Bus zur Golden Gate Bridge. Wir laufen bis zur Mitte der Brücke, wo wir uns in den unmöglichsten, albernen Posen fotografieren. Mir tut vom Lachen schon der Bauch weh.

Auf unserem Weg zurück zum Boot kaufen wir Nudeln im Supermarkt, damit wir uns in der Kombüse etwas kochen können. Mein Gesicht brennt von Wind und Sonne und in mir breitet sich ein warmes Zufriedenheitsgefühl aus.

Ich bin in der „Neuen Welt" angekommen. Wir lümmeln uns an Deck in Shorts und T-Shirts, während in Deutschland bei null Grad und Eisregen der Adventskranz zusammengesteckt wird.

Das ist alles noch viel besser, als ich es mir je hätte vorstellen können. Ich fühle mich himmlisch gut.

Am Sonntagmorgen hängt eine Nebelwand über San Francisco. Ein Anblick, den viele Einheimische kennen. Da wir gestern unser *Sightseeing* Programm bereits so erfolgreich absolviert haben, kann uns die heutige Wetterlage nicht erschrecken.

Wir fahren das Boot zurück in seinen Heimathafen nach San Rafael und verabschieden uns von Ole und Betsy, die wir bei ihrem Vater abliefern.

Zuhause angekommen, laden wir das Auto aus, verstauen die Schlafsäcke in der Abstellkammer und schalten die Waschmaschine ein.

Das läuft hier alles so selbstverständlich ab, dass ich mich frage, ob ich wirklich erst ein paar Tage mit diesen Gasteltern zusammen wohne, oder ob wir uns aus einem früheren Leben kennen.

Überhaupt bekomme ich den Eindruck, dass die Amerikaner gar nicht so anders sind. In den Familien geht es um die gleichen Themen, wie bei uns:

„Was kochen wir heute? Hast Du Deine Hausaufgaben gemacht? Wo wollen wir am Wochenende hinfahren?"

Auch das Klischee, dass viele US-Bürger „oberflächlich" seien, kann ich bisher nicht bestätigen.

Nun bin ich ja eindeutig in der oberen Mittelschicht gelandet. Die Rotarier in Ukiah sind keine Millionäre, aber auch nicht arm.

Ich vermag nicht zu sagen, wie ein Leben in der High Society, oder bei sozial Schwachen aussieht. Das könnte ich allerdings über meine Landsleute ebenso wenig formulieren.

Was ist denn eigentlich typisch amerikanisch oder typisch deutsch?

Podiumsdiskussion

Ukiah, Mittwoch 2. Dezember 1987

In der Schule habe ich richtig viel zu tun. Ein Englischtest wird morgen geschrieben und im Rhetorik Kurs machen wir eine Podiumsdiskussion über den Krieg im Persischen Golf.

Aus den Nachrichten wissen wir, dass die Spannungen zwischen Iran und Irak derzeit immer weiter eskalieren. Da die US Marine vor Kurzem Truppen in den Persischen Golf geschickt hat, wird heute in meinem *Speech*-Unterricht brandaktuell darüber diskutiert. Das nenne ich mal eine interessante Schulstunde!

Manche Schüler sagen, dass es falsch sei, amerikanische Soldaten in diesem Konflikt einzusetzen.

Ein anderer Mitschüler meint, es wäre das Beste, die ganze Region zu bombardieren und platt zu machen. Damit wäre dann einfach Ruhe im Krisengebiet.

Jetzt bin ich erst einmal geschockt. Hat der Junge zu viel „Top Gun" im Kino geschaut und den Bezug zum echten Leben verloren? Er scheint nicht zu wissen, was es für Menschen bedeutet, wenn ihnen die Familie und das Zuhause gewaltsam entrissen werden. Glücklicherweise habe ich so etwas nie miterleben müssen, aber als Enkelin der deutschen Kriegsgeneration bin ich so weit im Bilde, dass ich sagen kann:

Es gibt nichts Wichtigeres, als den Frieden!

Die Folgen der Bombardierung im 2. Weltkrieg haben wir nicht nur im Geschichtsunterricht besprochen, sie sind heute noch in Deutschland sichtbar. Die Generation meiner Großeltern ist durch Krieg traumatisiert, das kann ich nicht ignorieren.

Ich steige in die Debatte mit ein und argumentiere als Europäerin. So bringe ich eine andere Perspektive ins Spiel.

Die Diskussion verläuft lebhaft und fair. Jeder darf ausreden. Ich weiß nicht, ob meine Worte auf fruchtbaren Boden fallen, aber versuchen muss ich es.

Nach der Schule nehme ich die Anrufe des Firmentelefons meiner Gasteltern entgegen, denn Roger und Debbie sind den ganzen Tag geschäftlich in Sacramento. Die Telefonanlage mit zwei Leitungen und fünf Apparaten habe ich inzwischen kapiert.

Als „Sekretärin" beim *Insurance Service and Financial Planning* melde ich mich am Telefon, notiere die Namen aller Anrufer und deren Anliegen mit dem Hinweis, dass sie morgen zurückgerufen werden.

Ich bin stolz darauf, dass ich diese Telefonate mittlerweile sprachlich sehr gut gewuppt bekomme. Dieses Erfolgserlebnis baut mich auf.

Abends koche ich das Dinner. Roger und Debbie freuen sich über die Tacos, die ich zubereitet habe. Die mexikanische Küche ist mir vertraut geworden und schmeckt vorzüglich. Egal ob Tacos oder Burritos, alle Zutaten sind hier im Supermarkt zu bekommen. Ich weiß schon heute, dass ich dieses Essen in Deutschland vermissen werde.

Später gesellt sich Ashley zu uns, denn es findet auch weiterhin wöchentlich Deutschunterricht statt.

Roger und Debbie steigen spontan mit ein und sagen ab sofort „Gute Nacht" anstelle von „*Good night*". Bei dem Wort „Nacht" verdrehen sie zwar die Augen, da die Aussprache des CH so schwierig für sie ist, aber sie bemühen sich redlich und machen schnell Fortschritte.

Ein Blick in den Briefkasten verrät mir, dass Luftpost angekommen ist:

Meine Eltern teilen mir mit, dass sie mich im Mai besuchen werden. Wow!

Diese Nachricht macht mich erst einmal sprachlos.

Ich freue mich darauf, ihnen hier alles zeigen zu können. Als ich Roger und Debbie die Neuigkeiten überbringe, sagen sie spontan, dass meine Eltern hier wohnen können, so lange sie in Ukiah zu Besuch sind.

Ich werde dann bereits bei meiner dritten Gastfamilie sein, was ich mir im Moment allerdings noch nicht ausmalen kann. Erfolgreich verdränge ich sämtliche Gedanken, die meine Zukunft betreffen, denn ich bin ganz zufrieden im Hier und Jetzt.

Advent unter Palmen

Ukiah, im Dezember 1987

Im Kochunterricht habe ich heute ein Brot gebacken, für das Debbie mich sehr lobt, als ich es zuhause abliefere.

Das freut mich besonders, denn Debbie ist beim Thema Essen sehr kritisch. Als Vegetarierin, die nach dem Prinzip der Trennkost lebt, soll alles gesund und frisch sein.

Cristina, eine Austauschschülerin aus Barcelona, ist hier eine meiner engsten Freundinnen geworden. Sie ist genau so alt wie ich, hat zuhause ebenfalls einen Freund und wir sind voll auf einer Wellenlänge.

Es ist zwar nicht immer einfach, sie zu verstehen, da sie mit einem starken spanischen Akzent spricht, aber es reicht für uns. Da wir die gleichen Gefühle durchleben, ist es prima, sie als Freundin zu haben.

Da Roger ein echter Basketballfan ist, begleitet er mich zum Saisonauftakt-Spiel in die High School. Wir feuern die *Wildcats* gemeinsam an, während Debbie das Haus für den Advent dekoriert. An dieEingangstür hängt sie einen großen Kranz. In jedes Zimmer stellt sie eine kleine Krippe oder ein Gesteck mit Kerze.

Mir ist trotzdem gar nicht weihnachtlich zumute. Wenn man auf Palmen schaut und im Vorgarten des Nachbarn einen Papp-Schneemann erspäht, ist es für meinen Geschmack nicht der richtige Advents-Hintergrund.

Abends illuminieren Lichterketten an Hausdächern ganze Straßen, aber jetzt fehlt mir die vertraute Musik des Bielefelder Kinderchors von der Schallplatte, die jedes Jahr zur gleichen Zeit abgespielt wird.

Das ändert sich auch nicht, als wir am Wochenende einen schönen großen Tannenbaum im Esszimmer aufstellen, den wir sofort bunt dekorieren. Vor lauter *Jingle Bells* vergessen wir das Kochen, ergo besorgt Roger beim Chinesen *downtown* etwas Essbares, das wir zuhause mit Stäbchen aus Pappkartons verzehren.

Dann ziehe ich mich zurück und schreibe eine Nachricht an meine Eltern:

Liebe Mama, lieber Papa!

Vielen Dank für Euren letzten Brief und die Fotos.
Bei uns ist jetzt Regenzeit. Das hier ist nichts im Vergleich zu den -5 Grad Celsius, die Ihr zuhause habt, aber es wird hier auch immer ungemütlicher.

Roger und Debbie laden Euch herzlich ein, bei Ihnen zu wohnen, wenn Ihr im Mai kommt. Einen Ausflug nach San Francisco mit ihrer Motoryacht bieten sie ebenfalls an.
Während der vier Tage, die Ihr in Ukiah verbringt, kann ich Euch alles zeigen und mit den Leuten bekannt machen, mit denen ich zu tun habe. Darauf freue ich mich schon besonders.

Gestern Abend fand ein Rotary Dinner inklusive Versteigerung statt, bei dem ich Tombola- Tickets verkaufte. Wir haben dabei über dreitausend Dollar eingenommen. Dieses Geld soll für ein College Stipendium gespendet werden, denn nicht jede Familie kann sich die hohen U.S. Studien-Gebühren für den Nachwuchs leisten.

Nach dem Essen gab es Square Dance. Das war eine richtige Gaudi. Es handelt sich um einen amerikanischen Tanz zu Country Musik, den man als Gruppe im Kreis tanzt. Ein Ansager gibt die „Calls" (=Kommandos), und dann geht es los.

Bei dieser Gelegenheit lernte ich auch meine zukünftigen Gasteltern kennen. Sie heißen Marilyn und Rolla und haben eine elfjährige Tochter namens Heidi. Sie machten einen netten Eindruck auf mich und erzählten mir, dass sie ein Ferienhaus am Lake Tahoe besitzen. Wir werden da in jedem Fall Ski fahren. Super, dass Ihr mir meine Skiklamotten bereits geschickt habt, denn die werden auch in der nächsten Gastfamilie zum Einsatz kommen.

Nun fühle ich mich bei Roger und Debbie so wohl, dass es mir schwerfällt, nur daran zu denken, dass ich dort wieder ausziehen soll. Bis zum Umzug im März ist es glücklicherweise noch eine lange Zeit.

In meiner Englischklasse habe ich eine neue Freundin gefunden. Sie sitzt neben mir und heißt Wendy. Ich finde, sie ist ein lieber Schatz. Meine Freundinnen Vivien und Grace (aus der Nachbarschaft von Alec und Tina) sehe ich nur selten. Als Freshmen und Sophomores haben sie in einem anderen Teil der High School ihren Unterricht. Wir laufen uns leider kaum noch über den Weg.

In den News hörte ich, dass Präsident Reagan und Generalsekretär Gorbatschow einen Abrüstungsvertrag unterzeichnet haben. Das ist ja mal eine tolle Nachricht!

Viele liebe Grüße, Eure Susi

Rick und Jan

Ukiah, Freitag 11. Dezember 1987

Per Post kommen die ersten Weihnachtspakete an und werden unter den Weihnachtsbaum gelegt, wo sie sich auf wundersame Weise vermehren.

Am Nachmittag ziehen Roger und ich los, um Weihnachtsgeschenke zu kaufen. Roger sucht ein neues *Outfit* für Debbie, findet aber nicht das richtige. Ich habe mehr Glück und besorge ein Geschenk für Alec, Tina und Casey.

Kaum zuhause angekommen, machen wir uns frisch und fahren zu Freunden von Roger und Debbie, die etwas außerhalb von Ukiah wohnen: Rick und Jan.

Rick kenne ich bereits aus dem Rotary Club. Ich finde, dass er die Ausstrahlung eines Schauspielers hat. So eine Mischung aus Richard Gere und Robert Foxworth, dem Hauptdarsteller aus der Serie *Falcon Crest*. Passt ja gut hierher, denn die Weingüter des berühmten Nappa Valley sind faktisch um die Ecke.

Seine Frau Jan braucht keinen Eisbrecher, um mich aufzutauen. Sie spricht einfach drauf los, hakt mich unter, während sie mich ins Wohnzimmer führt und ich denke mir, dass sie sogleich eine Freundin ist.

Rick und Jan und verwöhnen uns mit einem köstlichen Dinner. Es gibt Fisch vom Lake Tahoe, Pasta, Gemüse und einen feinen kalifornischen Wein dazu. Von wegen, alle Amerikaner futtern nur Fast food. Weit gefehlt!

Meine nächste Gastfamilie, Rolla, Marilyn und Heidi, sind ebenfalls eingeladen. So lernen wir uns ein bisschen besser kennen.

Während des Essens werden mir jede Menge Fragen über Deutschland und mein Austauschjahr gestellt, eine rege Unterhaltung kommt am Tisch in Gang.

Im Laufe des Gesprächs erfahre ich, dass Rick bereits einmal verheiratet war und er eine zehnjährige Tochter hat, die bei seiner Exfrau in Oakland lebt. Rick sieht seine Tochter Sarah ganz regelmäßig und Jan übernimmt die Rolle der Stiefmutter sehr gern.

Das Haus von Rick und Jan ist der Hammer. Von einem großen Grundstück umgeben, mit Pool und Whirlpool, ist jedes Zimmer auffallend geschmackvoll eingerichtet.

Im Wohnzimmer liegen vier (!) Fernbedienungen auf dem Tisch.

„Wofür sind die denn alle?", frage ich.

„Für Fernseher, Videorekorder, Stereoanlage und CD-Player".

Ich bin beeindruckt.

Es kommt aber noch besser: Der nächste Raum, in den wir bei der Haustour gelangen, ist ein komplett eingerichtetes Tonstudio. Der Wahnsinn! Ricks liebstes Hobby ist die Musik und hier nimmt er die Songs auf, die er selbst komponiert, singt und spielt. Ich schaue auf mehrere Gitarren, ein Mischpult, Mikrophone und den PC, der alles für eine Aufnahme zusammenbringt. Rick schenkt mir zwei Kassetten und ich freue mich schon, sie auf meinem Walkman abzuspielen.

Der Titel eines Tapes ist „*You will be what you think you are*" (Du wirst, was Du denkst zu sein).

„Wie bist Du denn auf diese Überschrift gekommen?", möchte ich wissen.

„Weißt Du, Susi", erklärt Rick,

„es ging mir nicht immer so gut wie jetzt. Ich war auch schon richtig arm und konnte mir weder Fernseher noch ein Auto leisten. Ich habe verschiedene Jobs gemacht, aber es kam dabei kaum Geld in die Haushaltskasse.

Da fiel mir ein Buch in die Hände mit dem Titel *Think positive*. Dort lernte ich, wie wichtig es ist, an sich zu glauben, positiv zu denken und sich erreichbare Ziele zu stecken.

So begann ich an meiner Karriere zu arbeiten und mit jedem neuen Job stiegen mein Einkommen sowie mein Selbstbewusstsein.

Ich wurde Hotelmanager, später Versicherungsagent.

Heute haben Jan und ich mit weiteren Partnern unsere eigene Versicherungsagentur und es geht uns sehr, sehr gut.

Wir sind diesen Weg gemeinsam gegangen und sind dankbar für alles, was uns gelungen ist. Wir haben aber auch nie vergessen, wie es sich anfühlt, wenn man arm ist.

Das wichtigste im Leben ist Deine Einstellung, denn dann kann einem fast alles gelingen, was man sich vornimmt.

Und da meine Musik etwas sehr Persönliches ist, singe ich genau über diese Erfahrungen.

In anderen Songs geht es um die Liebe in der Familie und die Liebe, die man in der Religion finden kann."

Ich liege abends im Bett und denke noch lange darüber nach, was ich heute gesehen und gehört habe.

Allein die Tatsache, dass jemand mehrmals die Branche wechselt, erscheint mir abenteuerlich. Wer in Deutschland eine Ausbildung macht oder ein Studium beendet, der ist eher festgelegt auf den Beruf, der zu diesem Werdegang passt. Quereinsteiger wie Rick sind mir bis dato nicht bekannt.

So langsam dämmert es mir, was „Horizont erweitern" bedeuten kann. Es sind Gespräche wie das heute mit Rick, bei denen einem klar wird, es gibt viele Wege nach Rom.

Wenn wir in einem Land wohnen und dort zur Schule gehen, sehen wir nur einen kleinen Ausschnitt des Lebens. Falls wir aber die Stadt oder sogar den Kontinent verlassen, werden die Augen für Ideen geöffnet, die einem sonst nicht im Traum eingefallen wären.

Sunday School

Ukiah, Sonntag 13. Dezember 1987

In der Jugendgruppe der Kirche habe ich neue Freundinnen und Freunde gefunden. Einige von ihnen kannte ich bereits aus der Schule, andere waren mir noch fremd.

In der *Sunday School*, wo wir über die Bibel oder andere religiöse Themen sprechen, lernen wir uns viel schneller kennen, als in einem Klassenraum.

Ein bisschen erinnert mich die Sunday School an meinen Konfirmandenunterricht, nur weniger theologisch, dafür näher am heutigen Leben.

Den Part des Gesprächsleiters übernimmt immer ein anderes Gemeindemitglied. Heute ist Roger dran.

Unser Thema ist der Tod. Nun ja, wenn man achtzehn Jahre alt ist, denkt man darüber nicht oft nach. Ich im Besonderen nicht, da in meiner Familie alle, die mir nahe stehen, Gott sei Dank noch leben.

Einige der Jugendlichen hingegen, haben schon geliebte Menschen verloren und wir fragen uns, wie man durch seinen Glauben in solch schweren Momenten Trost erfahren kann.

Da erzählt Roger uns, wie sein Vater krank wurde und schließlich in seinen Armen gestorben sei. Roger war damals gerade fünfundzwanzig Jahre alt.

Als er seine Geschichte preisgibt und seine Emotionen beschreibt, laufen ihm Tränen über das Gesicht. Ich mag gar nicht hinsehen.

Es ist schon schlimm, wenn eine Freundin weint, aber einen erwachsenen Mann weinen zu sehen, das packe ich jetzt nicht.

Trotzdem gibt er uns ein gutes Gefühl mit auf den Weg.
Er konnte damals sehen, wie sein Vater von Schmerzen erlöst wurde und dass es ihm gefiel, zu Gott zu gehen.

Roger hat bei diesem Erlebnis eine Bestärkung seines Glaubens erfahren. Das wiederum hat ihm die Kraft gegeben, mit der Trauer fertig zu werden.

Ich muss an meine Oma denken, die mir mal etwas Ähnliches gesagt hat. Sie weiß, wovon sie spricht, denn sie ist schon zweimal Witwe geworden. Bereits im Alter von dreiundvierzig Jahren starb ihr erster, geliebter Ehemann und sie stand an seinem Grab mit zwei kleinen Söhnen an der Hand.

„Ohne meinen Glauben, hätte ich es nicht geschafft", waren ihre Worte, die mir so gut im Gedächtnis geblieben sind.

Der heutige Gottesdienst ist vor allem musikalisch ausgelegt. Sehr passend, nach so einem schweren Thema, die Gedanken bei Harfenmusik und Chorgesang zu verarbeiten.

Auditions

Ukiah, Montag 14. Dezember 1987

I made it! Ich bin drin!
Ich kann mein Glück noch gar nicht fassen.

Letzte Woche waren drei *Auditions* zum High School *Spring-Musical*: *42nd Street*. Dabei handelt es sich um ein (nicht ganz neues) Broadway Musical, das vor allem von den eingängigen Liedern und Tanzszenen lebt.
Hundertzwanzig Schülerinnen und Schüler tanzten, sangen und schauspielerten, um einen der begehrten sechzig Plätze im Bühnenstück zu ergattern.
Ich habe eine Rolle im *Dancecorps* bekommen und werde erstmals tanzen und dabei auch singen. Nach den Weihnachtsferien sollen die Proben beginnen.

Ich weiß gar nicht wohin mit meiner Freude. Das muss ich sofort in meinen Briefen berichten und jedem vortragen, den ich kenne. Als Erstes schreibe ich einen Brief an meine Eltern und bitte sie umgehend, meine Stepschuhe zu schicken.
Als ich Wendy im Englischunterricht umarme und herum wirbele, strahlt sie mich an, denn sie ist ebenfalls dabei.
Das wird ja immer besser. Als Nächstes erfahre ich, dass Jason, Cristina und Kirstin es auch ins Ensemble geschafft haben. Wir haben eine richtig internationale Besetzung.
Es kribbelt in mir. Ich kann endlich meinem liebsten Hobby frönen: Ich darf wieder tanzen!

Abends treffen wir uns mit Alec, Tina und Casey zum Dinner. Es tut gut, sie zu sehen. Sie bringen mir Briefe, die weiterhin für mich an ihre Adresse gegangen sind und sie überreichen mir meine *Senior Photos*, die ein Fotograf vor einigen Wochen an der High School gemacht hat.

Jeder Senior wurde im feinsten Zwirn abgelichtet, um eine schicke Aufnahme von sich bei Schuljahresende im Jahrbuch der *Wildcats* wiederzufinden.

Oh, auf dem Foto habe ich noch keine Dauerwelle und stelle fest, dass ich mich optisch ganz schön verändert habe.

Innerlich auch? Ja, denn mir gehen völlig neue Gedanken durch den Kopf.

Rotary-Weihnachtsmann

Ukiah, Dienstag 15. Dezember 1987

In der Dunkelheit des frühen Morgens müssen wir erst einmal Eis vom Jeep kratzen, um die Fahrt zum Fitness Center sicher antreten zu können.

Der Winter ist in Nordkalifornien angekommen. Auf den Bergspitzen rund um Ukiah hat es letzte Nacht ein bisschen geschneit, was hier die absolute Sensation bedeutet. Einige *Kids* sind hinauf gefahren und haben Schnee auf die Ladeflächen ihrer *Pickups* geschaufelt. Damit sind sie dann zur High School geflitzt und haben im Eingangsbereich einen Schneemann gebaut. So viel Euphorie wegen ein paar weißer Flocken?

Die Stimmung in der Schule ist blendend, denn alle Tests sind geschrieben und zwei Wochen Weihnachtsferien stehen unmittelbar bevor. Dann können wir endlich ausschlafen und faulenzen!

Nachmittags kommt Alec zum Haus von Roger und Debbie, um mich abzuholen. Wir fahren im Namen des Rotary Clubs Ukiah North zur *Trinity School*. Das ist ein Internat für Kinder, deren Familienleben problematisch ist, oder um Kinder aufzufangen, die sexuell missbraucht wurden.

Ein anderer Rotarier kommt ebenfalls mit und spielt den Weihnachtsmann. Alec und ich helfen beim Geschenke verteilen, die der Rotary Club hier spendet.

Es ist rührend, zu sehen, wie einige der Kleinen sich riesig über eine bunt verpackte Winzigkeit freuen. Wenn Kinder in ihren Familien nicht behütet und geliebt aufwachsen können, bekommt so ein *Santa Claus*, der ein Lächeln in die kleinen Gesichter zaubert, eine ganz andere Dimension.

Ich merke wieder, wie viel Glück ich bisher in meinem Leben hatte.

Nachdem der Geschenksack leer ist, fahren Alec und ich zu Tina und Casey nach Hause. Ich betrete das vertraute Refugium und es fühlt sich an, als käme ich heim.

Auch hier ist alles weihnachtlich geschmückt. Casey hat einen Vogel geschenkt bekommen und erzählt mir die Details über ihr neues Haustier.

Zurück bei Roger und Debbie stelle ich fest, dass die Möbel umgestellt wurden, denn heute ist Bunko-Spielabend.

Bunko ist ein Würfelspiel für zwölf Personen. Der Frauen-Spielkreis trifft sich immer reihum im Haus einer der beteiligten Damen. Nun ist Debbie die Gastgeberin. Zu meiner Freude sehe ich, dass auch Jan und Marilyn dieser Truppe angehören. Gespielt wird zwei Stunden lang an drei Tischen.

Jede Spielerin bringt auch eine Speise mit, so dass die Arbeit für diesen Teil des Vergnügens nicht nur an der Gastgeberin hängenbleibt. Diese Methode des Catering nennt man *Potluck* und ist hier bei allen Anlässen äußerst beliebt. Ganze Buffets werden so bestückt.

Egal ob Vorspeise, Hauptgang oder Dessert, die Damen werden kreativ und es gibt immer reichlich. Ich finde, so ein *Potluck* ist eine schöne Tradition und zudem eine Bereicherung der Geselligkeit.

Weihnachten

Santa Rosa, 20. - 21. Dezember 1987

Die Familie findet sich im Haus von Debbies Vater ein, um Weihnachten zu feiern, obwohl es noch nicht einmal Heilig Abend ist. Das finde ich erstaunlich und lasse den riesigen Weihnachtsbaum, der in den Farben gold und rot geschmückt ist, auf mich wirken.

Christmas mit Roger und Debbie findet in mehreren Etappen statt. Das liegt vor allem daran, dass Debbies Eltern geschieden sind und die Familienfeiern somit an unterschiedlichen Orten stattfinden. Rogers Familie werden wir leider nicht treffen, denn die war schon an *Thanksgiving* dran.

Es gibt ein großes „Hallo", als Debbies Großeltern, Onkel, Tante, Debbies Bruder mit drei Söhnen, Debbies Schwester mit Mann und Kind, Bevs beide Söhne aus erster Ehe mit deren Frauen und Kindern eintrudeln. Zur Begrüßung bekommt jeder ein Glas Champagner.

Es folgt das Festessen am gigantischen Tisch im *Dining Room*. Ich zähle vierundzwanzig Personen (mehr als zwei Fußballmannschaften). So große Familienfeiern bin ich nicht gewohnt und fühle mich etwas unwohl.

Debbies Vater liest die Weihnachtsgeschichte vor, alle lauschen.

Im Anschluss erlebe ich eine Bescherung, die ihresgleichen sucht: Zwei Stunden lang werden Geschenke ausgetauscht,

Kartons geöffnet, Papier aufgerissen, Menschen umarmt, Kinder getröstet, durcheinander geplappert.

Mit *stille Nacht* hat das nichts zu tun.

Nachdem alle Gaben bewundert sind, wird es ruhiger und persönliche Worte finden ihren Weg in den Raum. Debbies Tante macht den Anfang und erzählt, wie froh sie sei, ihren Mann an ihrer Seite zu haben.

„Ich bin glücklich und sehr dankbar, dass die Familie heute zusammen ist", meldet sich Bev als Nächste zu Wort.

Debbie bestätigt dies und sagt, dass sie es schön findet, mich dabei zu haben. Ihr feierlicher Satz kommt von Herzen und ich weiß gar nicht, wie ich damit umgehen soll.

Mir wird bewusst, dass wir zuhause Gefühlsäußerungen eher sparsam handhaben.

Gegen Mitternacht verlassen uns die Onkel und Tanten, derweil stoßen wir mit dem nächsten Glas Champagner an, denn der junge neue Tag ist Rogers und Debbies Hochzeitstag. Ich gratuliere zu achtzehn Ehejahren und falle um 1:00 Uhr müde ins Bett.

Aber das war ja erst der Anfang der Festivitäten...

Mein Geburtstag fern der Heimat

Dienstag, 22. Dezember 1987

Mein Ehrentag beginnt damit, dass Roger um 6:30 Uhr in mein Zimmer gestürzt kommt, das Licht einschaltet und mir sagt, mein Freund sei am Telefon.

Ich springe sofort aus dem Bett und schlüpfe in das von Roger und Debbie hinein, denn von dort aus kann ich mit dem Telefon an Debbie Bettseite die Geburtstagsglückwünsche entgegennehmen, die Chris in den Apparat spricht. Ach, was für ein schöner Start in diesen Geburtstag!

Als ich den Hörer auflege, bringt Roger einen kleinen Kuchen mit Kerze obendrauf ins Schlafzimmer und meine Gasteltern singen *Happy Birthday* für mich. Kaum geschehen, klingelt das Telefon schon wieder und diesmal gehe ich gleich selbst ran:

„Hello?"

„Oh, hi! This is Ingrid. May I speak to Susanne, please?"

„Hallo Mama, ich bin schon dran. Ich liege hier bei Roger und Debbie im Bett und habe gerade die Kerze auf meinem Geburtstagskuchen ausgepustet."

„Wie bitte? Bei den Gasteltern im Bett? Was sind denn das für Zustände?"

Wie soll ich nun meiner Mutter erklären, dass ich hier nicht zu Besuch bin, sondern mit den beiden so lebe, als wären auch sie meine Eltern?

Ich nehme die guten Wünsche entgegen, die Mama und Papa mir durch das Telefon von der Schweiz aus überbringen, wo sie gerade Urlaub machen.

Nach diesem Telefonat hüpfen wir drei aus dem Bett und laufen in Schlafanzügen die Treppe hinunter, wo Debbie die Geburtstagsgeschenke aufgereiht hat. Zuerst öffne ich das Paket von meinem Freund: zwei Kassetten deutschsprachiger Popmusik (Herbert Grönemeyer und Heinz Rudolf Kunze), sowie ein Fotoalbum mit Bildern von ihm, seinen Eltern, unseren Freunden und von unseren besonderen Bielefelder Plätzen entnehme ich dem Karton.

Ich bekomme feuchte Augen und wünsche mich wenigstens für einen einzigen Tag nach Hause. Chris hat mit seinen Geschenken einen Volltreffer gelandet.

Nach und nach öffne ich alle anderen Päckchen, lese die Karten und nehme das Präsent von Roger und Debbie entgegen: ein neues Tagebuch. Wie passend!

Das erste Büchlein, das ich am Tag meiner Abreise vor knapp vier Monaten erstmals aufschlug, wird am heutigen Tag auf der letzten Seite beschrieben. Ich freue mich, könnte aber auch ein bisschen heulen.

Nachdem wir endlich geduscht und angezogen sind, kommen Tina und Casey und holen mich zum Rotary Lunch Meeting ab, wo wir Alec und Jason treffen. Der gesamte Club singt ein schmetterndes *Happy Birthday*. Mir ist sehr feierlich zumute.

Abends überrascht Roger mich mit einem *German Dinner*: Steak, Möhren, Salat, Bratkartoffeln und BECKS Bier.

Ich bin im siebten Himmel!

Noch nicht ganz fertig gekaut, öffnet sich die Tür und Alec, Tina und Casey kommen herein. Sie bringen das Dessert, einen großen Geburtstagskuchen mit neunzehn flackernden Kerzen drauf. Ich lese die Zuckerguss-Aufschrift „*Happy Birthday, Susi*".

Zusammen mit meinen beiden Gastfamilien verbringe ich einen schönen Abend: Roger spielt Gitarre, wir singen, Casey und ich turnen im Wohnzimmer umher.

Schlussendlich bekomme ich von Debbie das traditionelle *Birthday-Spanking, with a pinch to grow an Inch* (das sind neunzehn Schläge mit dem Kochlöffel auf den Po und einen Kniff ins Gesäß, um zu wachsen). Von solch einer Sitte hatte ich noch nie zuvor etwas gehört.

Die Ruhe vor dem Sturm

Ukiah, 23. - 25. Dezember 1987

Wir machen grad so weiter mit Feiern und Besuch, denn das „richtige" Weihnachten steht ja noch bevor. Nach absolviertem Frühsport, kommt Debbies Mutter **Mary Lou** mit ihrem Mann **Lou** ins Haus. Ja, da kann man durchaus namentlich verwirrt sein.

Sie sind noch gar nicht richtig drin, da legen sie bereits stapelweise Geschenke unter den Weihnachtsbaum. Ich ahne schon, dass es wieder eine mehrstündige Bescherung geben wird.

Debbies Mutter und ihr Mann sind freundlich, kommen mir aber nicht so offen und herzlich vor, wie die Familienmitglieder in Santa Rosa.

Je später der Abend, umso gemütlicher wird es. Im Ofen knistert ein Feuer, Debbie und ihre Mutter sitzen auf dem Sofa und machen Handarbeiten, Roger und Lou spielen Domino und ich schreibe in mein neues Tagebuch.

Es kommt mir vor, als erleben wir gerade „die Ruhe vor dem Sturm". Aber ich wollte es ja so: andere Länder, andere Sitten!

Im Haus werden die letzten Vorbereitungen für das Fest getroffen. Roger hängt unsere *Stockings* auf. Das sind große Strümpfe, einen für jeden, die an Heiligabend von *Santa Claus* mit Süßigkeiten und kleinen Geschenken gefüllt werden.

Anschließend flitzt Roger zur Videothek und kommt mit sieben (!) Filmen zurück.

Debbie und ich gehen Lebensmittel einkaufen und machen noch einen Abstecher zum Laden von Bob, einem Rotarier, der mir prompt ein Ukiah T-Shirt schenkt. Danke schön!

Aufgrund des hohen Postaufkommens in der Weihnachtszeit sind Briefe aus Deutschland nun elf statt fünf Tage unterwegs, was nicht gerade meine Laune hebt. Und als ich die Post lese, bekomme ich einen Kloß im Hals.

Auch wenn ich es nicht wahrhaben möchte, es ist schwer, Weihnachten nicht zuhause zu sein. Ich fühle mich krank, habe Muskelkater vom Sport, Bauchschmerzen und Kopfweh. Aspirin muss her. Funktioniert aber nicht Weihnachts-Heim-weh.

Schließlich ist er da: der Heilige Abend. Aber nicht nur das, auch das erste Drittel meines Austauschjahres geht heute zu Ende. Das ging doch schnell rum.

In diesem Haus wird, ganz unamerikanisch, am Heiligen Abend das Weihnachtsfest gefeiert.

Nebst Debbies Mutter und ihrem Mann Lou kommen Peggy, Guy, Nathan, Ken mit seiner Frau und deren drei Söhnen. Peggy sieht mir an, dass ich mich nicht wohl fühle und drückt mich erst mal fest. Das tut richtig gut.

Nach einem üppigen Mahl wechseln sich Ken und Guy beim Lesen der Weihnachtsgeschichte ab, und wir singen zusammen Weihnachtslieder. Sehr stimmungsvoll.

Lou beginnt, die Geschenke zu verteilen, und man konnte es ja schon sehen: Es gibt wieder eine Menge auszupacken.

Ich merke, dass mir alles zu viel wird: Zu viele Emotionen, zu viel Essen, zu viele bunte Päckchen, zu viele Stimmen, zu viel Heimweh, zu viel Schokolade!

Um 23:00 Uhr begeben wir uns zum Gottesdienst, danach bin ich platt.

Ich schlafe am nächsten Tag bis 11:00 Uhr und bin beim Erwachen froh, dass dieses Weihnachten vorüber ist.

Nach einem Spaziergang an der frischen Luft zusammen mit Roger und Debbie geht es mir auch körperlich wieder besser.

Wir ruhen den Rest des Tages aus und schauen einen Film nach dem anderen. Die Besucher reisen ab, es wird ruhiger im Haus. Innerer Frieden und Entspannung machen sich breit.

Beschnuppern

Ukiah, 27. Dezember 1987

Wir fahren zu meiner dritten und gleichzeitig letzten Gastfamilie. Ich soll einen Eindruck meiner nächsten Unterkunft bekommen und wir „beschnuppern" uns.

Die Familienhündin Brittney nimmt das mit dem Beschnuppern sehr wörtlich. Ich finde sie hübsch und lustig mit ihren Hängeohren. Ein verspieltes Tier, acht Monate jung.

Das Haus ist ganz anders, als das von Roger und Debbie. Alle Zimmer sind ebenerdig und man betritt es durch die Garage, obwohl es eine Haustür gibt.

Es gefällt mir, aber ich kann mir jetzt noch nicht ausmalen, dass ich hier bald einziehe. Es geht turbulent zu, denn die Familie ist eben erst aus Hawaii zurückgekehrt und die Verwandten sind versammelt, um Weihnachten zu feiern.

„Nicht schon wieder so ein Rummel", denke ich. Da verabschieden wir uns glücklicherweise.

Jason und ich werden beim heutigen Rotary-Meeting erwartet. Ich soll einen Zwischenstand melden und berichten, wie das erste Drittel meines Jahres in Ukiah gelaufen ist.

Dann hält Jason seine Abschlussrede. Die Zeit als Austauschschüler wird für ihn in elf Tagen beendet sein. Es fällt ihm sichtlich schwer, die richtigen Worte zu finden.

Er berichtet über seine Erfahrungen in den Gastfamilien und den Aktivitäten an der High School, schwärmt von Reisen, die er machen durfte und spricht auch Zukunftspläne an.

Er hat sich bei einer Zeitung in Australien beworben und wenn er den Job ergattert, wird das ein neuer Lebensabschnitt für ihn werden. Falls er die Stelle nicht bekommt, will er zurückkommen und sein Schuljahr an der Ukiah High School beenden.

Kay und Monte haben ihn ja eh schon fast adoptiert und versicherten ihm, er könne gern ein weiteres halbes Jahr bei ihnen wohnen, auch ohne den Status eines Rotary Austauschschülers.

Es ist nicht schwer zu erraten, dass Jason am liebsten gleich hierbleiben würde. Aber wir Austauschschüler haben alle ein Dokument unterschrieben, auf dem geschrieben steht, dass wir nach Ablauf des Jahres in unsere Heimat zurückkehren. Ganz unabhängig davon, was sich hier für uns entwickelt.

Ich bin froh, dass ich mich derzeit nicht mit dem Thema Abschied aus Ukiah beschäftigen muss. Im Gegenteil, die meiste Zeit liegt noch vor mir und ich kann mich auf Vieles freuen: die nächsten Monate bei Roger und Debbie, das Musical 42nd Street, Skifahren am Lake Tahoe, die „Klassenfahrt" nach Kanada, der Besuch meiner Eltern und die Abschlussfahrt im Sommer. 1988 hält so viel für mich bereit!

Zurück im Haus von Roger und Debbie schaue ich in den Postkasten und entdecke einen Brief von meiner Gastschwester Arlene aus Nordirland.

In Arlenes Familie begann vor vier Jahren meine „Austauschschüler-Karriere", wenn man es so nennen möchte. Inzwischen war ich zweimal für mehrere Wochen dort.

Arlene war im Gegenzug bei uns in Bielefeld und ist mit mir zur Schule gegangen. Sie ist mir eine sehr gute Freundin geworden.

Nun schreibt sie mir, dass vor ein paar Wochen bei einem schweren Bombenanschlag in Enniskillen elf Menschen getötet wurden. Unter den Todesopfern befindet sich auch eine ihrer besten Freundinnen.

Tränen steigen mir in die Augen. Ich kann es nicht fassen. Natürlich ist dies nicht der erste Terroranschlag der IRA in Nordirland, aber wenn Leute betroffen sind, die man kennt, bekommt eine solche Nachricht eine ganz andere Dimension.

Ich lese weiter, dass sechzig Personen verletzt sind, einige davon lebensgefährlich.

Es tut mir so leid, dass in Nordirland kein Frieden einkehrt. Die Menschen, die ich dort kennengelernt habe, waren so extrem herzlich und gastfreundlich. Wie kann da so viel Hass existieren?

Jahreswechsel im Yachtclub

San Rafael, 31. Dez. 1987 - 1. Jan. 1988

Silvesterfeier im Yachtclub. Das klingt schon super!

Wir gehen es ruhig an und packen unsere Sachen für die nächsten vier Tage, die wir auf dem Boot in San Rafael verbringen werden. Bei diesem Ausflug wird die Yacht unser schwimmendes Ferienhaus sein, denn die Wettervorhersage lädt nicht gerade zur Seefahrt ein.

Die Fahrt mit dem Jeep Cherokee zum Yachthafen dauert rund neunzig Minuten und nach der Ankunft sind Klamotten, Schlafsäcke, Lebensmittel, Videorekorder und Filme flott verstaut.

Zur Feier des Tages ziehe ich mir meinen besten Rock, eine weiße Bluse und den blauen Blazer mit offiziellem Rotary Emblem an.

Wir haben schon mächtig Hunger, als wir das edle Restaurant mit italienischer Küche erreichen, das meine Gasteltern für unser heutiges Dinner ausgewählt haben. Beim Anstoßen mit Sektkelchen richtet Roger feierlich das Wort an mich:

„Susi, Du bist nun auch eines unserer Kinder, genau wie Ole und Betsy."

So wie er es sagt, kommt es nicht besitzergreifend rüber, sondern einfach emotional.

Und wieder wird mir bewußt, wie glücklich ich mich schätzen darf, zu so generösen Menschen gekommen zu sein, die mir nicht nur die Auslandserfahrung ermöglichen, sondern mir viel Zeit und Liebe entgegenbringen.

Nach einem leckern Essen und guten Gesprächen fahren wir zurück zum Yachtclub, wo gerade die Party in Gang kommt. Es sind zwar vor allem ältere Semester, die hier über das Tanzparkett schwofen, aber die Stimmung ist top.

Eine Live-Band spielt, wir tanzen, und ich lerne eine Menge netter Leute kennen. Die Zeit verfliegt und dann ist es da, das neue Jahr.

Wir umarmen uns mit den besten Wünschen für 1988.

Ich stelle fest: Es geht mir sehr gut. Kein Heimweh, einfach nur Freude am Jetzt und Hier.

Der Neujahrestag ist regnerisch. Wir fahren mit dem Auto nach San Francisco und besuchen diverse Museen in der Stadt. Zurück auf dem Boot rollen wir uns abends in unsere Schlafsäcke und schauen Filme an.

Dieses Gammel-Leben führen wir drei Tage lang und erholen uns dabei prächtig.

Auf der Heimfahrt quatschen Roger und Debbie mit mir über Gott und die Welt, im wahrsten Sinne des Wortes. So lernen wir uns richtig gut kennen und ich kann ihnen anvertrauen, was mir unter den Nägeln brennt.

In meinem Tagebuch notiere ich heute eine Weisheit von Roger, die er mir mit auf den Weg gibt: *Act enthusiastic and you will be enthusiastic*! Mache alles mit Begeisterung und Du wirst begeistert sein!

Das möchte ich mir für das neue Jahr vornehmen.

Endlich wieder tanzen

Ukiah, im Januar 1988

Die Proben zum Musical *42nd Street* beginnen prompt nach den Weihnachtsferien und finden ab sofort zwei Stunden an jedem Schultag statt. Dieses Training wird durchgezogen, bis sich am 18. März der Vorhang zur Premiere heben wird.

Meine Proben werden entweder von der Choreographin Lori, oder vom Musiklehrer Jim geleitet. Da ich keinen schauspielerischen Part habe, bleibt es bei Tanz und Chorgesang, was mich voll und ganz ausfüllt.

Lori erinnert mich an eine Tänzerin des Bielefelder Stadttheaters und ist mir gleich sympathisch.

„Ich gehe am liebsten nachts in das Tanzstudio. Meine kreative Zeit ist zwischen Mitternacht und 3:00 Uhr morgens. Dann choreographiere ich Eure Tänze für das Musical."

Ich hänge an Loris Lippen. Dies ist meine Welt!

Ich begebe mich in ein vertrautes Revier mit Ballettschuhen und Tanztrikots. Endlich wieder tanzen!

Zehn Jahre Ballettunterricht zahlen sich nun voll aus. Die Füße erinnern sich an die Technik und als die Schritte im Kopf abgespeichert sind, macht es nur noch Spaß. Lori ermahnt uns bei den Proben, dass wir diszipliniert mitarbeiten müssen, da wir sonst Gefahr laufen, raus zu fliegen.

Bei den *Rehearsals* lerne ich auch Mitschüler kennen, mit denen ich bisher keine Berührungspunkte hatte.

Wir finden bei Gesang und Tanz schnell zueinander und die Stimmung ist gut, obwohl das, was hier machen, knallharte Arbeit ist.

Die Professionalität dieser Musical Produktion erstaunt mich und ich fühle mich wie ein Ensemblemitglied an einem „richtigen" Theater. Die Musik wird live gespielt, so dass auch die Band fleißig probt.

Selbst bei Chorsängerinnen, legt der musikalische Leiter Jim großen Wert darauf, dass alle Töne sauber aus unseren Kehlen kommen. Die Songs *We're in the money* und *Lullaby of Broadway* singen wir rauf und runter, bis wir sie im Schlaf können.

Es gibt sechzehn Bühnenszenen, zwischendurch werden die Kostüme gewechselt. Ich hoffe inständig, dass ich mir alle Texte und Schritte merken kann. Das Gehirn scheint jetzt schon zu qualmen.

Was unter den Proben leidet, sind die Schularbeiten. Beim letzten Englisch Test habe ich ein *F* kassiert. *F* ist die schlechteste Note auf der Skala der amerikanischen Zensuren. Der Englischlehrer bittet mich am Ende der Schulstunde zu sich und fragt, was denn los sei.

Ich erkläre ihm, dass ich meine Hausaufgaben nicht mehr schaffe, da ich in den Proben zu *42nd Street* stecke. Er reagiert sehr verständnisvoll, was mich total überrascht. Dieser Lehrer wirkt eher konservativ und macht gar keinen lockeren Eindruck.

Ich staune um so mehr, als er mir sagt, ich solle die Zeit im Musical genießen, aber die Hausaufgaben doch bitte so vollständig wie möglich erledigen. Und dann ist er fertig. Keine Gardinenpredigt oder pädagogische Vorträge, mit denen ich gerechnet habe.

Meine Gasteltern werden generell per Post einmal pro Quartal über meine schulischen Leistungen informiert. *That's it.* Wie ich die Ergebnisse erreiche, bleibt mir überlassen.

Vielleicht sollte ich mir wieder etwas mehr Mühe geben, dem Unterricht zu folgen? Wie meine Zensuren am Ende aussehen und was ich hier lerne, ist schließlich meine Angelegenheit. Ich werde nicht bedrängt, keiner hat Erwartungen.

So beschließe ich, fleißiger zu sein und **für mich** ein gutes Zeugnis anzustreben. Ich schmecke einen Hauch von Eigenverantwortung und Selbstmotivation.

Wow, werde ich am Ende noch erwachsen?

Wie James Bond

Lake Tahoe, 9. - 12. Januar 1988

Es ist noch dunkel draußen, als wir das Auto mit unseren Skiklamotten beladen und losfahren. Um 8:30 Uhr holen wir
Rick und Jan zu Hause ab und reisen gemeinsam zum Lake
Tahoe. Die Fahrt dauert fünf Stunden und ist sehr kurzweilig,
da der Gesprächsstoff nie ausgeht.

Die Landschaft verändert sich rasch. Von den sanften Hügeln, vorbei am Clear Lake, taucht urplötzlich vor uns das
große Tal des Sacramento Rivers auf, das schier endlos erscheint.

Man fährt mitten durch Obstplantagen mit Orangen, Mandeln und Pfirsichen, soweit das Auge reicht. Welch ein Kontrast zu den trockenen Grashügeln rund um Ukiah!

Wir durchqueren das Tal, um auf der gegenüberliegenden
Seite wieder in die Berge einzutauchen. Und was für Berge!
Dies ist die berühmte Sierra Nevada.

An diesen Gipfeln haben sich die ersten Siedler, die einst in
den goldenen Westen per Planwagen reisten, die Zähne ausge-
bissen. Sie steckten im Schnee fest und viele von ihnen sind
hier jämmerlich erfroren oder verhungert.

Mit dem Auto ist die Anreise heutzutage kein Problem
mehr, so durchfahren wir riesige Pinienwälder, bis wir den

Lake Tahoe und somit die östliche Grenze des Bundesstaates Kalifornien erreichen.

Unser Ziel ist das Haus von Ricks Eltern im *Heavenly Valley*. Allein der Name klingt schon „himmlisch". Das Anwesen, in dem wir die nächsten Tage verbringen werden, hat Ricks Vater selbst designed und eigenhändig über fünf Etagen in den Berghang gebaut.

Innen ist es gemütlich wie eine Blockhütte, aber es ist groß genug, um zehn Personen bequem zu beherbergen. Der Ausblick von den riesigen Fenstern des Hauses ist überwältigend und wenn man genau hinschaut, kann man Skifahrer erkennen, die den gegenüberliegenden Hang wie kleine Ameisen hinab wedeln.

Obwohl Lake Tahoe auf einer Höhe von fast 1.900 Metern liegt, ist es hier nicht schneesicher. So ist auch bei unserer Ankunft nur wenig Schnee zu sehen, aber es müsste reichen, um die Pisten unsicher zu machen.

Ricks Eltern Hal und Lucille sind ganz reizende Leute. Wir schauen zusammen die letzten Minuten des Football Spiels im Fernsehen an und kochen gemeinsam ein Dinner. Man fühlt sich gleich wie zuhause.

Die Nacht ist noch jung, und so ziehen Roger, Debbie, Rick, Jan und ich los, um die Kasinos aufzusuchen, die sich nur ein paar Autominuten entfernt, direkt auf der anderen Seite der Staatsgrenze in Nevada befinden. Hier ist das Glücksspiel erlaubt und ich bekomme einen kleinen Eindruck davon, was in Las Vegas abgeht.

Wir verspielen ein paar Münzen an den „einarmigen Banditen" und sehen, wie eine Frau tatsächlich mit dem Einsatz von einem *Quarter* (25 Cents) einen Betrag von 1.500 Dollar an einem Automaten gewinnt.

Wir beobachten auch andere Spieler an den Tischen, an denen Roulette, Black Jack, Red Dog oder Poker gespielt wird. Ich finde diese Eindrücke spannend. Was hier für Leute sitzen und Geld verspielen? Das kannte ich bisher nur aus dem Kino. Ich muss schauen und staunen. Eine bunte Glitzerwelt!

Am nächsten Morgen zeigt das Thermometer minus zehn Grad Celsius. Frau Holle war letzte Nacht fleißig.

Während der Frühnebel sich lichtet, beobachte ich die Vögel, die vor dem Fenster herum flattern. Am hübschesten finde ich den *Blue Jay* (Blauhäher). Seine Federn haben das gleiche satte Blau, wie der Lake Tahoe.

Nach einem flotten Frühstück zieht es uns ins Freie. Wir besuchen die fünf sibirischen Huskies, die Hal züchtet und mit denen er regelmäßig Hundeschlitten-Rennen fährt. Ein lautes Gebell begrüßt uns und ich schaue in weiße Hundegesichter mit schönen blauen oder braunen Augen.

Heute fahren wir aber nicht Hundeschlitten, sondern ganz modern mit den Motorschlitten ein paar Runden durch die Schneelandschaft. Roger und ich wechseln uns ab, während Hal als "*Guide*" den zweiten Motorschlitten lenkt.

Wir durchschneiden mit unseren Fahrzeugen den Schneeteppich, der glitzernd in der Sonne liegt, als hätte er nur auf uns gewartet.

Bei Geschwindigkeiten bis zu siebzig km/h, sehen wir hinter uns nur noch weißen Pulverschnee aufwirbeln und schreien laut: „Juhu!"

Wieder einmal kommt es mir vor, als würde ich dies alles nur träumen und gar nicht selbst erleben. Als Austauschschülerin, die nach Kalifornien reist, denkt man bestimmt nicht an rasante Schneemobilfahrten à la James Bond, oder an Skiwochenenden wie in den Alpen. Wie glücklich darf ich mich schätzen?

Insgesamt verbringen wir drei Nächte im Haus von Ricks Eltern. Ab Sonntagmittag haben wir die Skipisten praktisch für uns allein. Kein Anstehen am Lift, traumhafte Abfahrten bei den Skigebieten *Sierra Ski Ranch* und *Heavenly Valley*.

Darüber spannt sich der blaue Himmel und bergab schaut man auf den großen See, den Lake Tahoe.

Abends sind wir von der frischen Luft müde. Da freut es einen erst recht, in ein behagliches Haus zu kommen, in dem bereits ein Holzfeuer im Kamin knistert und Lucille für uns ein warmes Essen zubereitet hat.

Diese vier Tage sind ein richtiger Urlaub. Es ist wie im Märchen!

Roger und Debbie haben mir für Montag und Dienstag einfach eine Entschuldigung für die Schule geschrieben. Begründung: "O*ut of Town*". Wie cool ist das denn?

Der Bier-Wettbewerb

Ukiah, Samstag 16. Januar 1988

Es ist jetzt schon so sonnig und warm, dass man ohne Jacke rausgehen kann. Im Januar! *I love it.*

Seit unserem Ski Trip habe ich fleißig Schularbeiten gemacht, aber auch *42nd Street* Texte und Tanzschritte gelernt. Das fühlt sich gut an. Alles läuft rund und bei so viel Alltagstrott wird es Roger schon wieder zu langweilig.

Seine Idee des heutigen Tages: Wir machen einen *Beer-Drinking-Contest*. Na, dann wollen wir mal sehen, ob ich die deutsche Ehre in dieser Disziplin retten kann.

Debbie wuselt derweil im Haus herum, kümmert sich nicht um uns. Sie verbietet uns aber auch nicht die vollkommen bescheuerte und für Rotary Austauschschülerinnen absolut verbotene Aktion.

Zuerst backen Roger und ich eine Pizza, denn eine gute Grundlage ist wichtig. Es werden "Schrott"-Filme in den Videorekorder eingelegt, um das geistige Niveau deutlich nach unten zu schrauben, was uns sofort gelingt.

Im nächsten Schritt zeige ich Roger, wie man in die Seitenwand einer Bierdose vorsichtig ein Loch bohrt, diese Öffnung an den Mund hält und dann oben den Verschluss aufreißt, so dass sich der Inhalt komplett in den Schlund ergießt. Man kann nur noch schlucken, was das Zeug hält.

Roger bekommt dabei einen Hustenanfall, so dass ich erst mal in Führung gehe. Die beiden folgenden Dosen trinke ich mit der bereits beschriebenen "*Shotgun-Methode*", muss aber so viel rülpsen und lachen, dass Roger mich, trotz menschenüblicher Trinkmethode, überholt.

Nach Pizza, weiterem Bier und Filmen wie "Caveman" oder "The Stepfather" haben wir irgendwann aufgehört zu zählen und können keinen Sieger ermitteln.

Ich muss dauernd kichern und bekomme schließlich einen Mega-Wasser-Durst. Gefühlt trinke ich den Wasserhahn in dieser Nacht leer.

Am nächsten Tag sitzen wir pünktlich und brav in der Kirche. Immerhin, es ist keinem schlecht geworden und wir sind ohne Kater aufgewacht.

Ich werte das als ein faires Unentschieden.

Soroptimist & Diagnose

Ukiah, Mittwoch 20. Januar 1988

Debbie holt mich vor der High School ab und fährt mit mir
zum Soroptimist Meeting. Dieser Club ist gemeinnützig, ebenso wie Rotary, aber die Mitglieder sind exklusiv weiblich. Sie
treffen sich wöchentlich zum Lunch, lauschen Vorträgen,
tauschen sich aus und spenden Geld für soziale Projekte.

In den Reihen entdeckte ich viele bekannte Gesichter:
Marilyn, Jan, weitere Damen vom Bunko-Abend und aus der
Kirche schauen mich erwartungsvoll an. Ich wurde eingeladen, um eine Rede über mein Leben in Deutschland zu halten. Ich spreche darüber, wie es sich anfühlte, als der Atomre-
aktor von Tschernobyl für eine Umweltkatastrophe sorgte, die
„vor unserer Haustür stattfand", erkläre das deutsche
Bildungssystem und fühle mich schon wie ein alter Hase:
Ich habe schließlich Rotary Erfahrung.
  Der kurze Höhenflug bekommt bei der Diskussionsrunde
einen satten Dämpfer, denn hier sitzen „*tough Ladies*" und fragen mir Löcher in den Bauch zur deutschen Wirtschaft,
Arbeitslosigkeit, Politik, Europäischen Gemeinschaft und zu
Frauenrechten. Da muss ich mich schon arg konzentrieren.

Am Ende bekomme ich ein großes Lob, als eine der Damen
mir sagt, dass ich eine sehr gute Botschafterin für mein Land
sei. Das geht mir runter wie Öl und ist super für das Selbstver-
trauen.

In den letzten Wochen habe ich immer wieder über Fußschmerzen geklagt. Besonders nach der „Fress-Orgie" an
Weihnachten drückt der Schuh, im wahrsten Sinne des Wortes.

Jetzt haben Roger und Debbie beschlossen, mich auf ihre
Kosten zu einem Heilpraktiker zu bringen, um die Ursache
festzustellen. Der *Chiropractor* mit Praxis an der North State
Street ist sowohl für Probleme rund um das Skelett aber auch
auf dem Gebiet Kinesiologie bewandert. Ich hatte davon noch
nie im Leben etwas gehört und keine Ahnung, was mich
erwartet. Als Erstes lässt der Doc mich über den Flur laufen
und schaut mir dabei auf die Füße.

"Aha, zu viel Gewicht auf den Fußinnenseiten durch zu wenig Bauchmuskulatur", murmelt er vor sich hin.

Dann bekomme ich diverse Pillen in den Mund gelegt und
muss versuchen, meine Arme am Körper zu halten. Dieser
Allergie-Test gibt Aufschluss: Bei Milchzucker kann der Dok-
tor meinen rechten Arm bewegen, als wäre er federleicht,
obwohl ich alle Muskeln anspanne, um dagegen zu stemmen.
Er erklärt mir, dass die Fußreflexzonen, die mit den Verdau-
ungsorganen in Verbindung stehen, immer dann schmerzen,
wenn ich Joghurt, Eis, Käse oder Schokolade esse, da mein
Körper den Milchzucker nicht aufspalten kann.

Mit dieser Diagnose verlassen Debbie und ich die Praxis
und ich vermeide ab sofort Lebensmittel, die Milch enthalten.
Im Supermarkt finde ich die Ersatzprodukte mit der Aufschrift
dairy-free. Solche laktosefreien Nahrungsmittel sind in Deutschland noch unbekannt. Die Fußschmerzen verschwinden nach
kurzer Zeit. Welch Erleichterung!

Jetzt habe ich ein Problem

Ende Januar 1988

Heute wird meine Gastmutter achtunddreißig Jahre jung. Gleich nach dem Aufwachen gratulieren Roger und ich und überreichen unsere Geschenke noch vor dem Frühstück. Beim *Birthday-Spanking* kann ich mich nun „revanchieren" und verpaße Debbie neunzehn Schläge mit dem Holzkochlöffel. Roger übernimmt die restliche Tracht Prügel und den *Pinch to grow an Inch*.

Da heute Samstag ist, können wir zum feierlichen Anlass einen Ausflug machen. Wir fahren nach San José, knapp drei Stunden südlich von Ukiah. Diesmal nehmen wir nicht den Jeep, sondern den Cadillac. Ich liebe dieses alte Auto! So ein richtiger amerikanischer Schlitten ist das, mit grauen Ledersitzen und einer Lenkradschaltung für das Automatikgetriebe. Die Sitzbank hinter der Windschutzscheibe ist durchgängig und so können wir zu dritt vorne sitzen. Wir drehen die Musik auf und singen lauthals mit.

In San José angekommen gehen wir ins Theater und sehen das Musical *Cabaret*. Ich kann die Füße kaum still halten und bin wieder in meiner Tanzwelt. Die Nacht verbringen wir auf der Yacht *Mutual Fun* in San Rafael, die ein weiteres Zuhause für mich geworden ist.

Das erste Schulhalbjahr an der Ukiah High ist fast rum und wir schreiben diese Woche *Finals*. Das sind Tests zu den Lerninhalten des Semesters.

Auch im Fach *Basic Foods* wird nicht gekocht, sondern stattdessen eine Klassenarbeit über Proteine geschrieben.

Im Rhetorik-Kurs muss jeder eine selbstgeschriebene Rede zu einem frei gewählten Thema halten. Ich habe Fuß-Reflexzonen recherchiert und gebe meine neuen Erkenntnisse im Referat zum Besten.

Die Tests verlaufen alle akzeptabel. Sogar mit meinen Ergebnissen in American Institutions und Englisch bin ich zufrieden.

Wie ich es schaffe, überhaupt etwas zu lernen ist mir schleierhaft, denn ich beginne weiterhin den Tag um 5:30 Uhr mit Sport, bin bis nachmittags in der High School, wo der Unterricht fließend in Musical Proben übergeht.

Abends bin ich mit Roger und Debbie entweder beim Volleyball, in der *Bible Study Group* der Kirche, gebe Deutschunterricht oder schreibe in mein Tagebuch. Dies hier ist das Gegenteil von Langeweile.

Alle Schüler sind total erleichtert, als die Halbjahres-Tests hinter uns liegen. Es herrscht somit eine besonders ausgelassene Stimmung, als der *Fridaynight-Dance* stattfindet. Wir können den Druck der ganzen Schulwoche gemeinsam einfach weg tanzen, was irre viel Spaß macht.

Um Mitternacht bietet Jack mir an, mich nach Hause zu fahren. Jack kenne ich aus der Jugendgruppe der Kirche. Wir verstehen uns blendend.

Er ist groß, blond, breitschultrig, albert ständig herum, bringt mich zum Lachen, kann aber auch ernsthaft mit mir reden.

Das Angebot, in seinem Truck gefahren zu werden, nehme ich dankend an. Wir sitzen beide völlig verschwitzt im Auto und müssen immer noch über unsere Tanzerei lachen.

Er schaut mich allerdings heute Abend anders an als sonst und ich glaube, er hat sich in mich verknallt.

Oh, oh, I'm in trouble. Jetzt habe ich ein Problem...

Nasse Hochzeit

Willits, Samstag 30. Januar 1988

Ich werfe mich in meine feinste Robe und werde am Vormittag von Monte und Kay, Jasons lieben Gasteltern, abgeholt.
Wir sind zur Hochzeit von Hildes und Walters Tochter Heidi
eingeladen.

Ich freue mich, eine amerikanische Trauung miterleben zu
dürfen. Zu dem kleinen Ort Willits fahren wir nur dreißig
Minuten. Bei unserer Ankunft ist Liesel, die österreichische
Freundin, auch schon da.

Geheiratet wird in einem Gemeindesaal, in dem alle Anwesenden auf Stuhlreihen platziert werden und erwartungsvoll
den Pfarrer nebst Brautpaar mustern. Zuerst werden die
Trauringe durch die Hände der Gäste gereicht, damit jeder sie
anschauen und mit guten Wünschen segnen kann. Ich finde
diese Geste wunderbar. Es wird mir ganz feierlich zumute.

Während der Zeremonie spricht nicht nur der Pfarrer, sondern auch die Brautleute. Beide bedanken sich bei ihren Familien und es wird so emotional, dass schließlich alle vor Rüh-
rung weinen.

Nach Ringtausch und Segen wird herzlich gratuliert. Ich
empfinde die Trauung als sehr gefühlvoll, dazu persönlich.

Beim anschließenden Umtrunk mache ich mich nützlich,
helfe die Sektgläser zu servieren.

Hilde tritt zu mir und sagt:

„So eine tränenreiche „nasse" Hochzeit habe ich noch nie erlebt. Du hast ja auch geweint, Susi, obwohl Du das Brautpaar gar nicht kanntest."

Damit hat sie recht. Es war eine wunderschöne Zeremonie!

Monte und Kay bringen mich nach Hause, wo ich gerade in meine Jeans schlüpfe, als das Telefon klingelt. Jack ruft an und fragt, ob wir heute Abend ins Kino gehen.

Bei so einer Einladung kann ich ja nicht „nein" sagen und schon wenig später hocken wir im Lichtspielhaus, wobei ich noch ganz von der romantischen Hochzeitsstimmung erfüllt bin. Es knistert zwischen Jack und mir, was nicht an den Popcorn- oder Chipstüten liegt.

Als Jack mich um kurz vor Mitternacht beim Haus meiner Gasteltern absetzt, umarmen wir uns, halten uns fest und haben beide Herzklopfen. Natürlich tut es gut, sich aneinander zu kuscheln. Gleichzeitig fühle ich mich schäbig, denn zuhause habe ich einen Freund.

Nun stecke ich in einer Zwickmühle: Einerseits bin ich so froh, über die Schmetterlinge, die in meinem Bauch tanzen, anderseits plagt mich das schlechte Gewissen. Ich möchte Jack keine falschen Hoffnungen machen, sagt zumindest der Verstand. Die andere Gehirnhälfte sendet:

„Jetzt bist Du hier. Denke nicht an gestern und auch nicht an morgen."

Ein Date

Ukiah, Samstag 6. Februar 1988

Herrlich, erst mal ausschlafen!

Nach einem ausgiebigen Frühstück starten Roger, Debbie und ich unser heutiges Tagesprojekt: beide Autos gründlich reinigen.

Die Sonne hat schon so viel Kraft, dass wir in kurzen Hosen und T-Shirts sowohl den Jeep als auch den Cadillac abseifen, polieren und saugen. Wir freuen uns, als die Kutschen frisch in der Sonne glänzen.

Im Gegensatz zu den Fahrzeugen bin ich nun so dreckig, dass ich ausgiebig dusche, meine Haare wasche und die Fingernägel maniküre. Denn ich habe heute noch eine Verabredung.

Als Jack mich um 18:00 Uhr pünktlich mit seinem Pick-up Truck abholt, strahle ich mindestens so schön, wie Rogers Jeep vor der Haustür.

Wir fahren an das nördliche Ende von Ukiah, wo Jack in einem smarten Steakhouse einen Tisch für uns reserviert hat. Gedämpfte Musik, schummriges Licht und Sitzgarnituren aus braunem Leder erzeugen eine noble Atmosphäre.

Als wir unsere Plätze einnehmen, kommt sofort ein beflissentlicher Kellner mit langer weißer Schürze herbei geeilt, gießt aus einer Glaskaraffe Eiswasser in die Gläser und betet die Tagesspezialitäten für uns herunter. Mir läuft schon das Wasser im Munde zusammen.

Obwohl Jack und ich die einzigen Teenager in dieser Location sind (mit Jeans und Turnschuhen bekleidet) fühlen wir uns hier wohl. Beim Dinner erzählen wir alles, was uns gerade in den Sinn kommt.

Bestens gesättigt fahren wir zu Jack nach Hause und ich bekomme einen Eindruck davon, wie und wo er lebt. Er erzählt mir, dass seine Eltern geschieden sind und er hier mit seiner Mutter und Schwester wohnt.

Jetzt fällt mir auf, dass es in meiner Bielefelder Schulklasse nicht ein einziges Scheidungskind gibt. Auch in unserer Nachbarschaft oder im Freundeskreis meiner Eltern ist niemand geschieden. Warum sind etliche Eltern meiner Mitschüler in Ukiah getrennt?

Vermutlich liegt es daran, dass die meisten amerikanischen Paare deutlich jünger sind, wenn sie vor den Traualtar treten. Nachdem sie sich dann im Studium oder in der Elternrolle verändern, scheint das eine schwere Prüfung für junge Ehepartner zu sein, die nicht immer gemeinsam gemeistert werden kann. Natürlich sind Gründe für eine Scheidung sehr individuell, aber es gibt zweifelsohne mehr Geschiedene hier als in meinem heimatlichen Umfeld.

Heute Abend ist kein Familienmitglied von Jack zuhause, so dass er und ich den *Family-Room* in Beschlag nehmen. Er wirft eine Videokassette in den Rekorder und wir schauen meinen Lieblingsfilm *Dirty Dancing*.

Gemütlich *7Up* schlürfend, die Füße hochgelegt, kuscheln wir uns nebeneinander. Jack legt seinen Arm um mich und wir genießen das Zusammensein.

Ein bisschen fühle ich mich ja nun selbst wie in einem Schnulzenfilm: Erst das leckere Essen im gepflegten Restaurant, dann der entspannte Filmabend im großen Haus, so ganz allein mit meinem *Date*. Als der Abspann vom Film läuft, mag keiner von uns schon schlafen gehen.

Wir fahren zum Golfplatz. Hand in Hand laufen wir über das duftende Gras, das vom Rasensprenger frisch bewässert ist.

Ein Meer aus Sternen funkelt vom Himmel, ansonsten ist alles dunkel. Stille umgibt uns.

Gerade in so einer milden Nacht, kann man wohl am besten über Ängste und Wünsche sprechen.

Also redet Jack drauflos:

„Zu Beginn meines Senior-Jahres an der High School habe ich mich total darauf gefreut, nun endlich mal aus Ukiah rauskommen. Ich werde aufs College gehen und Medizin studieren. Jetzt kommt das Schuljahresende unaufhaltsam näher und ich frage mich, wie wird das alles sein? Die ausgetretenen Pfade der Kindheit verlassen? Nicht mehr zuhause wohnen?"

„Ich verstehe Dich nur zu gut. Was meinst Du, wie ich mich gefühlt habe und wie aufgeregt ich war, als ich in das Flugzeug Richtung USA gestiegen bin? Bei all der Nervosität stand aber vor allem meine Vorfreude stärker im Vordergrund, als die Angst vor dem Neuem."

Es tut gut über diese Dinge zu sprechen, denn natürlich habe ich unterschwellig auch schon Bammel davor, was mich erwartet, wenn dieses phantastische Schuljahr in Ukiah zu Ende geht.

Ich werde mich verändert haben, so viel ist sicher. Es wird nichts mehr so sein, wie vor diesem Austauschjahr.

Es muss so gegen Mitternacht sein, als Jack mich nach Hause fährt. An der Türschwelle fragt er mich, ob er mich küssen darf.

Beim Blick in seine Augen möchte ich „Ja" sagen, aber ich will nun diese gewisse Linie nicht überschreiten.

„Sorry, aber weißt Du, es geht einfach nicht. Ich würde sonst bestimmt anfangen zu weinen. Zuhause habe ich einen Freund und den kann ich nicht vergessen, auch wenn wir beide uns noch so sehr mögen."

„OK, ich verstehe Dich und weiß Bescheid!"
Natürlich klingt er traurig, aber ich bin erleichtert.

Im Haus ist alles dunkel. Roger und Debbie schlummern schon. Ich schleiche mich auf Fußspitzen ins Haus, verriegele die Eingangstür und gehe direkt ins Bett. Meine Gasteltern vertrauen mir voll und ganz, was mir sehr schmeichelt.

Schlafen kann ich erst einmal nicht, denn die Gespräche mit Jack gehen mir durch den Kopf. Wäre mein Freund in meiner Situation, wie hätte er sich verhalten? Würde ich vor Eifersucht platzen, wenn er ein anderes Mädel in den Arm genommen hätte?

Nein, beschieße ich. So weit weg und so lange voneinander getrennt, ist die Lage einfach eine andere. Dann muss man sich auch mal den Gefühlen überlassen, die akut sind.

Es ändert nichts daran, dass ich Chris weiterhin liebe und vermisse. Was gäbe ich drum, wenn er jetzt hier wäre und ich mit ihm dieses Durcheinander besprechen könnte?

Elf Monate von einander getrennt zu sein ist, verdammt noch mal, zu lang!

Washington's Birthday

Lake Tahoe, 12.-15. Februar 1988

Was für ein tolles Wochenende! Roger, Debbie und ich treffen uns mit den Kids der Kirchen-Jugendgruppe, um in einem Convoy von drei Autos zum Lake Tahoe zu fahren. Unsere Truppe besteht aus dreizehn Jugendlichen und fünf Erwachsenen.

Ja, Jack ist auch dabei und sitzt neben mir im Jeep meiner Gasteltern. Ich bin happy. Ein weiteres Elternpaar fährt mit vier Mädchen im Auto hinter uns. Pastor Russ lenkt das Schlussfahrzeug unseres *Trecks*. Während der Reise halten wir Kontakt per Walkie Talkies, um Pausen abzustimmen und die Stimmungslage gegenseitig abzufragen. Diese ist bestens!

Wir erreichen nach fünf Stunden Fahrt unser Ziel: das „Haus" eines Gemeindemitglieds, das uns für diese Skifreizeit zur Verfügung gestellt wird. Achtzehn Menschen finden hierin bequem Platz.

Als wir die Einfahrt hinauffahren, blicke ich auf ein exquisites Holzhaus, mit dominantem Balkon vor dem Obergeschoß. Schon allein die Größe des Grundstücks ist beeindruckend. Wer besitzt so ein Feriendomizil? Keine Ahnung. Unser generöser Sponsor bleibt anonym.

Schnell sind die Zimmer eingeteilt: Die fünf Mädchen, Roger, Debbie und Pastor Russ schlafen in den oberen Gemächern.

Im Erdgeschoss nächtigen die anderen mitgereisten Eltern. Die acht Jungs schlafen in der Garage, die zu einer weiteren Wohnung ausgebaut ist. Nach einem Großeinkauf im Supermarkt, teilen wir den Küchendienst ein und verbringen den Abend mit Spielen.

Am nächsten Tag: Das Wetter könnte nicht besser sein und so wedeln wir, nur mit Jeans und Pullovern bekleidet, bis in den späten Nachmittag die Pisten hinunter. Zwei unserer Jungs fahren sogar in Shorts!

Das Skigebiet *Squaw Valley*, unser heutiger Tatort, war 1960 Austragungsort der olympischen Winterspiele und läßt jedes Skifahrerherz höher schlagen. Mit Gondeln und Sesselliften bewegen wir uns auf 2.600 Höhenmetern. Man hat eine phantastische Aussicht auf den zweittiefsten See der USA, den Lake Tahoe, der wie ein blaues Juwel inmitten dieser Bergwelt thront.

Am Ende des Tages haben wir alle einen Sonnenbrand im Gesicht. Mir glühen die Wangen, als ich mit Rachel und Taylor den heutigen Küchendienst absolviere. Bevor wir total ermattet in die Betten kriechen, beten wir gemeinsam, Pastor Russ spielt Gitarre und wir spielen Karten.

Auch der zweiten Pistentag wird von einem azurfarbenen Himmel überspannt, der so makellos ist, dass er unecht erscheint. Das Ziel heute sind die Abfahrten von *Alpine Meadows*. Am Eingang zur Skiarena steht ein Schild mit der Aufschrift „*Be my Alpine Valentine*". Jack zwinkert mir zu und ich nicke lächelnd zurück. Heute bin ich sein *Valentine-Date*.

Der Schnee ist nass und so stürze ich schwer. Den Daumen verstaucht, Rücken und Knie geprellt, aber kein bisschen langsamer gebe ich alles, was die Skier hergeben.

Abends haben wir krebsrote Gesichter mit weißen Rändern um die Augen, von unseren Sonnenbrillen. Unser „Alien-Look" sieht cool aus.

An Präsident Washingtons' Geburtstag, der uns den Feiertag am heutigen Montag beschert hat, packen wir nach dem Frühstück alles zusammen, reinigen das Haus und fahren zurück in den Alltag nach Ukiah.

Wunderbare Erinnerungen an ein tolle Skifreizeit der Youth-Group of the Grace Lutheran Church nehmen wir mit.

Liebe Mama, Lieber Papa!

Ukiah, Donnerstag 25.02.1988

Dies wird mein letzter Brief sein, den ich Euch aus dem Haus von Roger und Debbie schicke. Die Anschrift meiner nächsten Gastfamilie lege ich diesem Brief bei.

Nächsten Samstag werde ich umziehen.

Es fällt mir wahnsinnig schwer, mich von Roger und Debbie zu trennen.

Ich kann es noch nicht so recht glauben, verdränge den Gedanken, denn ich stecke ja bis zum Hals in den Musical Proben für 42nd Street. Debbie ist allerdings schon etwas kratzbürstig. Sie mag mich gar nicht gehen lassen. Wir haben zusammen gebetet, dass Gott uns beim Abschied helfen möge.

Immerhin haben wir auch Zukunftspläne gemacht:

Wenn meine Zeit bei der letzten Gastfamilie zu Ende geht (18. Juni = letzter Schultag an der Ukiah High), darf ich zu Roger und Debbie zurückkehren.

Vom 20. Juni - 3. Juli werde ich auf die Western Safari mit den anderen Rotary Austauschschülern gehen. Roger und Debbie wollen mich nach der Fahrt wieder abholen und dann mit mir zu einer weiteren Reise aufbrechen.

Ich finde es unheimlich nett von den beiden, dass sie mich inoffiziell weiter beherbergen und sogar mit in den Sommerurlaub nehmen wollen.

Sowohl Debbie, als auch Roger freuen sich darauf, Euch endlich kennenzulernen.

Letztes Wochenende war es noch mal so richtig schön mit Roger und Debbie. Sie haben mich gefragt, ob ich nicht mal eine Freundin mitbringen möchte, um mit ihr ein paar Tage auf dem Boot zu verbringen.

So habe ich Kirstin eingeladen, die ebenfalls Austauschschülerin aus Deutschland ist. Am Samstagmorgen fuhren wir gemeinsam nach San Rafael. Kirstin hat sich sehr darüber gefreut, dass sie mit durfte. San Francisco mit einem Boot anzusteuern ist etwas ganz Besonderes.

Wir hatten wunderbares Wetter und unsere Gesichter brannten, als wir abends in die Kojen krochen. Am Sonntagabend fuhren wir wieder nach Ukiah und brachten Kirstin zu ihrer Gastfamilie zurück.

Gestern bekam ich Post von Janine. Sie schreibt mir immer bis ins kleinste Detail, was sich in meinem Freundinnenkreis und der Bielefelder Tanzszene tut, damit ich den Anschluss nicht verliere. In ihrem Päckchen war auch eine Kassette, auf der sie einen sehr persönlichen Text aufgesprochen hatte. Es war so schön, ihre Stimme nach all der Zeit einmal zu hören, das könnt Ihr Euch gar nicht vorstellen!

Meinen Rückflug nach Frankfurt habe ich im Reisebüro wie folgt gebucht: Abflug aus San Francisco am 27. Juli, Ankunft in Frankfurt am 28. Juli 1988 um 10:30 Uhr mit LH 455.

Jetzt seid Ihr wieder auf dem neuesten Stand.

Lot's of Love, Eure Susi

The American Way of Life im Blut

Ukiah, Samstag 27. Februar 1988

Ist es denn zu fassen? Jason ist zurückgekehrt. Es wurde nichts mit einem Job in Australien. Stattdessen wohnt er jetzt wieder bei Monte und Kay und bleibt bis zum Schuljahresende in Ukiah. Ich freue mich riesig für ihn, denn so kann er den amerikanischen High School Abschluss mit der *Senior Class* feiern.

Ansonsten ist die Stimmung sehr gedämpft, denn es heißt nun Abschied nehmen.

Mein Gepäck ist deutlich angeschwollen: Skiklamotten, Weihnachtsgeschenke, Sweatshirts aus San Francisco. Ich bekomme die Sachen nicht mehr in meine Koffer und leihe mir eine große Reisetasche von Debbie für den Umzug.

Während ich meine Fotos von der Wand nehme wird mir klar, dass ich mich in diesem Haus in den vergangenen drei Monaten verändert habe. Den *American Way of Life* und die Sonne Kaliforniens habe ich jetzt im Blut. Sie sind ein Teil von mir geworden.

Roger und Debbie haben in dieser Zeit nicht nur die Elternrolle übernommen, sondern sie sind Freunde fürs Leben geworden. Oh Mist, ich will hier nicht weg!

Während ich packe, ruft Roger mich ans Telefon. Chris ist dran. Wir telefonieren, entgegen aller Vernunft, eine halbe Stunde lang. Das ist nun aber auch mal nötig und passt so sehr in den heutigen Tag.

Natürlich habe ich ihm auch schon alles in Briefen geschrieben, aber darüber zu sprechen ist etwas anderes. Er baut mich vor allem erst einmal auf, macht mir Mut für den Umzug, und ich möchte den Hörer gar nicht mehr auflegen.

Ich wusele noch ein wenig durchs Haus, aber das Unausweichliche läßt sich irgendwann nicht länger aufschieben. Meine Koffer und ich werden in den Jeep verladen und zum Haus der dritten und letzten Gastfamilie gebracht.

Roger, Debbie und ich drücken uns noch einmal ganz fest und dann beginnt der nächste Abschnitt meines Austauschjahrs:

Mein Leben bei Familie O.

Meinen neuen Gasteltern, Rolla und Marilyn sind beide vierzig Jahre alt und sehr herzlich. Man kann sie alles fragen und sie nehmen sich viel Zeit für die Beantwortung.

Heidi, meine elfjährige Gastschwester, erscheint mir ein bisschen schwierig. Es kommt mir vor, als stünde sie sich selbst ein bisschen im Weg. Zweifelsohne ist sie ist ein verwöhntes Kind, benimmt sich Rolla und Marilyn gegenüber manchmal trotzig oder respektlos, was mich richtig stört.

Falls es sich bei Heidi um eine Früh-Pubertierende handelt, dann habe ich eine neue Herausforderung gefunden. Zähneknirschend nehme ich den nervigen Kampf auf.

Weitere Bewohner dieses Haushalts sind das nachtaktive Meerschweinchen Fluffy und die beiden Hunde Josey (neunzehn Jahre alt, blind, taub, scheintot), sowie Brittany (ein Jahr jung). Brittany ist wie ein weiteres Kind im Haus.

Wenn ich meine Kuschelkatze *Cotton* nicht im Schrank verstecke, wird sie von Brittany verschleppt und angesabbert. Igitt! Das ist hier ein wahrer Revierkrieg.

Das Zimmer, in das ich nun einziehe, ist ein heller Raum mit zwei Fenstern, die nach vorn zur Strasse rausgehen. Vor dem Haus ist das Ende einer Sackgasse mit Wendehammer. Es gibt nicht viel Verkehr, nur ein paar Anwohner die hier im Schritt-Tempo vorbei fahren.

Auf meinem Doppelbett liegt eine hellblaue Tagesdecke mit Blumenmuster. Zum Verstauen meiner Sachen habe ich einen Wandschrank und zwei Kommoden.

In einer Ecke des Raumes steht ein Nähmaschinen-Tisch und ein Stuhl. Es gibt zwei Bilder an den Wänden und ein Mobile mit kleinen Skifahrern hängt an der Decke. Alles wirkt sehr freundlich und ich darf gleich wieder meine Fotos an die Wände hängen.

Das Badezimmer teile ich mit meiner Gastschwester. Heidis Zimmer ist direkt neben meinem. Auf der anderen Seite des Flures liegt das Schlafzimmer von Rolla und Marilyn, dahinter haben die beiden ihr eigenes Bad.

Es gibt ein großes Wohn- und Esszimmer, das selten benutzt wird. Der eigentliche Mittelpunkt des Hauses, wo sich das Leben abspielt, ist die offene Küche mit dem *Family-Room*. In diesen Bereich kommt man hinein, wenn man das Haus durch die Garage betritt. Durch eine Terrassentür kann man nach draussen gelangen, wo es einen Pool gibt, von einer Holzterrasse umrandet.

Marilyn bittet mich, gleich wieder eine Tasche inklusive Ski-klamotten zu packen. Morgen früh fahren wir nach Tahoe, wo die Familie ein Ferienhaus im Ort Kings Beach hat.

Ich kann mich gar nicht richtig drauf freuen. Der Abschied von Roger und Debbie zieht mich total runter. Alles in diesem Haus kommt nur gedämpft bei mir an.

An diesem ersten Abend bei meiner dritten Gastfamilie kochen Marilyn und ich zusammen das Dinner, ein chinesi-sches Gericht im Wok. Natürlich kann ich mich nicht hei-misch fühlen, denn alles ist noch unbekannt.

Marilyn gibt sich allergrößte Mühe, mich gleich in das „Familienboot" zu holen, und das rechne ich ihr hoch an. Ich bin die erste Austauschschülerin in diesem Haus. Auch für die Gastfamilie ist die Situation völlig neu.

Familie O macht ihre Sache sehr gut, notiere ich am Ende des Tages in meinem Tagebuch. Trotzdem habe ich Sehn-sucht nach vertrautem Terrain.

Der frühe Vogel

Kings Beach, 28. Feb. - 1. März, 1988

Der erste Tag bei Familie O beginnt um 3:00 Uhr in der Nacht. Ich werde geweckt, das Gepäck kommt ins Auto, und schon fahren wir durch die Nacht in Richtung Lake Tahoe. Marilyn nennt dies einen „*Early-Bird-Start*". Der frühe Vogel kann mich mal!

Ich schließe auf der Rückbank des Ford Bronco gleich wieder die Augen, um weiter zu schlafen. Gegen 5:00 Uhr meldet sich meine Blase und ich frage Rolla:

„*May I go to the bathroom, please?*" „Darf ich mal auf die Toilette?"

Eine Minute später stoppt er den Wagen und ich steige hinaus in die Dunkelheit.

„*Where is the bathroom?*", frage ich.

Rolla zeigt mit dem Daumen nach hinten und ruft:

„*Behind the car!*"

Zum Glück bin ich bei diesem Thema nicht zimperlich und natürlich kommt auch kein anderes Fahrzeug um dieses Uhrzeit *in the middle of nowhere* vorbei, während ich kalifornischen Boden bewässere. Aber es kostet mich erst einmal Überwindung, hinter dem Auto der neuen Gastfamilie ein Bächlein im Straßengraben zu machen.

Wir sind uns noch fremd. Mir fehlt die Privatsphäre, die jetzt angebracht wäre.

Es dauert weitere zwei Stunden, bis wir wieder die Zivilisation erreichen. Gut, dass ich die „Toilette" im Dunkeln benutzt habe, denn bis zur ersten Pause mit einem richtigen WC, wäre ich vermutlich schon geplatzt.

Es ist 7:00 Uhr, als wir in einem original *American Diner* frühstücken: Rühreier, Speck, Muffins, Bohnen, Steak. Die Speisekarte gibt alles her, was ein Cowboy so braucht, um den Tag zu überleben. *Awesome!*

Knapp zwei Stunden später stehen wir auf Skiern und rutschen die Abfahrten des Skigebiets *Boreal* hinunter.

Schnell wird mir klar: In dieser Familie wird keine Zeit vertrödelt, da geht es gleich zur Sache. Beim Lunch treffen wir Bekannte von Familie O, mit denen wir gemeinsam bis in den späten Nachmittag die Berghänge hinab wedeln.

Erst danach beziehen wir das Ferienhaus, welches formvollendet unter Pinien steht, nur wenige Minuten Fussweg vom See entfernt. Unter dem spitz zulaufenden Dach gibt es drei Schlafzimmer, zwei Bäder und einen Wohn- Essbereich, in dem schon nach kurzer Zeit ein Feuer im Ofen knistert.

Obwohl es hier keinen Stillstand gibt, kommt keine Hektik auf. Rolla und Marilyn sind ein eingespieltes Team. Ob im Haushalt, oder beim Auto ausräumen, alles läuft so nebenbei und dabei sehr effizient ab.

Nach einem weiteren Tag auf Skiern staune ich darüber, wie viele Wintersportmöglichkeiten es rund um den See gibt. Am Ende dieses Kurzurlaubs packen wir alles zusammen und hinterlassen das Haus frisch und sauber für den nächsten Aufenthalt.

Leben bei verkappten Farmern

Ukiah, 2. - 4. März 1988

Das Haus von Familie O befindet sich im Norden Ukiahs, nur zehn Minuten Fußmarsch von der High School entfernt. Das ist jetzt sehr praktisch für mich.

Morgens verlassen wir alle zur gleichen Zeit das Haus.

Heidi besucht die *Junior High School*. Das ist eine Schule, die man zwischen *Elementary School* und *High School* durchläuft.

Marilyn arbeitet bei *PG&E = Pacific Gas and Electric Company*. Dort hat sie einen Vollzeit-Job im Büro und geht morgens immer „wie frisch aus dem Ei gepellt" zur Arbeit.

Abends kommt sie gegen 17:30 Uhr nach Hause, kocht für die Familie das Dinner und verschwindet dann manchmal wieder, um sich bei Soroptimist zu engagieren, Bunko zu spielen oder Überstunden im Büro zu machen. Sie ist immer in Bewegung.

Rolla ist sein eigener Chef und vertreibt Honig im Einzelhandel. Den Roh-Honig bezieht er aus Kanada. Dieser wird in Rollas Firma erhitzt, in Gläser oder Plastik-Bären gefüllt, die er etikettiert und mit seinem Lieferwagen an die Kunden ausliefert.

Bevor er sich selbständig gemacht hat, war Rolla bereits im Einzelhandel tätig, unter anderem als Manager bei Safeway. Dieser Job hat ihn aber so gestresst, dass er gesundheitliche Probleme bekam und kündigte.

Gänzlich ohne Personal arbeitet er nun in seinem Tempo und nach seinen Vorstellungen, was prima läuft. Er kommt zwar oft spät nach Hause, aber er wirkt ausgeglichen und zufrieden.

Marilyn und Rolla arbeiten am liebsten in ihrem Gemüsegarten, der eine kleine Ecke des Grundstücks einnimmt.

Rolla erzählt mir, dass sie das Haus in Ukiah verkaufen möchten, so bald Heidi mit der High School fertig ist. Vielmehr möchten sie dann eine Ranch erwerben und „so richtig" Obst und Gemüse anbauen.

„Aha, meine derzeitigen Gasteltern sind verkappte Farmer", denke ich mir.

Zurück in der High School räume ich gerade ein paar Bücher in mein Schließfach, als ich einen sanften Turnschuhtritt in den Hintern bekomme.

„Hey, wo hast Du denn tagelang gesteckt?", fragt Cristina mit ihrem spanischen Akzent.

Ich drehe mich um, sie schaut in mein sonnenverwöhntes Gesicht und bemerkt:

„Ah, you went skiing!"

So erzähle ich ihr alles von meinem Umzug zu Familie O und dem Kurzurlaub am Lake Tahoe. Dann kommt Jack auf mich zugeschossen und drückt mich fest. Es ist schön, wieder zwischen den Freunden zu sein, die mir zu verstehen geben: Wir haben dich vermisst.

Bei 42nd Street machen wir die erste Durchlaufprobe, um die einzelnen Lieder in den Schauspiel-Teil einzubauen. Es läuft katastrophal. Ob wir das bis zur Premiere auf die Reihe bekommen?

Als ich Zuhause ankomme, ist Heidi bereits aus der Schule zurück und spielt auf der Strasse Basketball. Ich werfe die Schultasche auf den Rasen und mache mit. Heidi schaut mich an, als wolle sie sagen:
„Es ist ganz nett, nicht mehr die Nachmittage allein zu verbringen, sondern eine große Schwester zu haben."

Wenig später kommt Marilyn von der Arbeit kommt, leert den Briefkasten vor dem Haus und sammelt die Zeitung ein. *The newspaper* (aufgerollt, mit einem Gummiband zusammengehalten) wird hier von Jungs per Fahrrad ausgeteilt und zielsicher in den *Driveway* geschleudert.

Hündin Brittany springt vor Freude an uns hoch, als wir ins Haus kommen. Heidi und ich machen Schularbeiten, Marilyn kocht das Dinner und Rolla gesellt sich später dazu.
Zu meinen Aufgaben gehört es ab sofort, die Hunde zu füttern. Jedem stelle ich einen eigenen Napf mit Trockenfutter nach draußen, mit je einen Esslöffel Pflanzenöl unterrührt.
„Das ist gut für ein glänzendes Fell", wie Rolla mir erklärt.

Wenn alle Arbeiten im Haus erledigt sind, schläft Rolla manchmal auf dem Sofa vor dem Fernseher ein. Marilyn liest die Zeitung, Heidi spielt Nintendo und ich schreibe Briefe.

Ganz langsam entsteht für mich ein Familienalltag mit der dazugehörenden Routine in diesem Haus.

Zum Abschluss eines Tages gehe ich wahnsinnig gern mit Marilyn in den Whirlpool, der draussen neben dem Swimming-Pool steht und heiß vor sich hin blubbert.

So sitzen wir in der kühlen Nachtluft ohne zu frieren und erzählen uns, was wir tagsüber erlebt haben oder lauschen den Nachtvögeln. Dabei schauen wir in den unglaublich vollen Sternenhimmel, der hier viel größer erscheint, denn es gibt in der Kleinstadt nur wenige Lichtquellen.

Entspannt kann man dann aufgewärmt ganz prima im weichen Bett einschlafen, falls Brittany nicht noch einmal hineinspringt, um „Gute Nacht" zu bellen.

Zukunftsvision

San Rafael/Berkley, Samstag 5. März 1988

Mit der *Journalism Class* dürfen wir Austauschschüler nach San Rafael fahren und das Dominican College besuchen. Dort findet ein Seminar für High School Kids zum Thema Journalismus und Fotografie statt.

Ich wollte ja schon immer mal ein amerikanisches College von innen sehen, und so melde ich mich für die Fahrt an.

Cristina und Kirstin sitzen ebenfalls im Schulbus, der uns Richtung Süden über den Highway transportiert. Dabei sprechen wir über unsere beruflichen Zukunftspläne, die noch sehr abstrakt sind. Im Laufe unseres Gesprächs entsteht aber langsam eine Vision in meinem Kopf:

Mein Job soll einmal mit Menschen zu tun haben und weiterhin Reisen in andere Länder ermöglichen. Vielleicht werde ich mal Flugbegleiterin?

Die Vorträge am College plätschern so an mir vorbei, aber die Atmosphäre des Campus finde ich prickelnd. Etwas neidisch blicke ich zu den Studentinnen hinüber, die hier Tanz studieren.

Nach einem leckeren Kantinen-Lunch fahren wir weiter zur University of Berkeley, wo heute ein Tag der offenen Tür stattfindet. Auch andere Schüler schauen sich diese Lehranstalt an, um festzustellen, ob sie sich hier für einen Studienplatz bewerben sollen. Diese Uni ist schon sehr speziell, denn es gibt immer noch eine richtige Hippie-Szene.

Als es bereits zu dämmern beginnt, werden Kirstin, Cristina und ich auf dem College-Vorplatz von einem Typen angesprochen, der wie ein kleiner Bruder von Bob Marley aussieht:

„Wanna buy some drugs, honey? Want some Love? Do ya have some change?"

„No Thanks, Dude!"

Statt auf die fraglichen Angebote des Hippies weiter einzugehen, besuchen wir lieber den Kiosk der Uni und kaufen hier ein paar Stifte und Notizbücher. Ich entdecke eine deutschsprachige Zeitung, das Züricher Tageblatt. Sensationell!

Nach Monaten bekomme ich aktuelle Nachrichten aus Europa in deutscher Sprache in die Hände! Ich habe noch nie eine Zeitung so verschlungen, wie diese hier.

Die *News*, die im amerikanischen Fernsehen laufen, sind besonders regional geprägt und im Moment beschäftigen sich alle mit dem Präsidentschaftswahlkampf. Ronald Reagan kann nach zwei Amtsperioden nicht mehr antreten. Wer wird sein Nachfolger? George Bush oder Michael Dukakis? Das ist hier die Frage.

Über die Ereignisse ausserhalb der USA bekommt man wenig bis gar nichts zu hören. Im Zürcher Tageblatt lese ich nun, dass es in Bielefeld einen RAF Terroranschlag auf ein Autohaus gegeben hat. Ja, was ist denn da los? Und hier können viele Leute mit Begriffen wie „RAF" oder „Bielefeld" gar nichts anfangen. Wenn ich darüber nachdenke, kommt es mir vor, als sei ich in einem anderen Universum gelandet.

Abends, zurück in Ukiah, rufe ich Roger und Debbie an und ich erfahre, dass sie weiter fleißig Deutsch lernen. Dazu verwenden sie die Kassetten, die ich Ihnen mit deutschen Sätzen aufgesprochen habe.

Beide sind bisher noch nie aus den USA heraus gekommen, aber jetzt machen sie Pläne, nächstes Jahr nach Deutschland zu reisen. Sie wollen Land und Leute kennenlernen, abseits der Touristenrouten und fragen mich, ob ich als Reiseführerin zur Verfügung stünde. Natürlich, nichts lieber als das!

Wow, ich bin offensichtlich nicht die einzige, die sich in den letzten Monaten verändert hat.

Lampenfieber

Ukiah, Montag 7. März 1988

Ein Erdbeben erschüttert Ukiah morgens, kurz nach 6:00 Uhr. Da ich gerade mit Shampoo in den Haaren unter der Dusche stehe, bekomme ich es überhaupt nicht mit. In der Schule erzählt Kirstin mir, dass sie hingegen von dem Gewackel aufgewacht ist.

Für die kalifornischen Bewohner ist das Beben zu schwach, um überhaupt ein Wort darüber zu verlieren. Erdbeben gehören in dieser Region leider zum Leben dazu.

In Kalifornien treffen zwei tektonische Platten aufeinander, die sogenannte San-Andreas-Verwerfung. Da ist immer Bewegung drin und somit sind Erdbeben entlang dieser Erdspalte keine Seltenheit.

Unsere *42nd Street Cast* hat die erste Kostümprobe und ich finde einige der Outfits schlichtweg scheußlich. Es geht wohl darum, das Flair der späten 1930er Jahre einzufangen, was bestimmt gelingt, aber so ganz und gar nicht meinem Geschmack entspricht.

Gesanglich läuft es nun schon gut, aber die Szenenwechsel klappen nur mittelmäßig. Dementsprechend liegen die Nerven blank.

In der Tageszeitung, dem *Ukiah Daily Journal*, wird unsere Premiere fast täglich erwähnt und angepriesen. Das Lampenfieber nimmt zu.

Nach den vier Stunden, die wir an diesem Nachmittag schon geübt haben, kann ich eine weitere Probe am Abend nicht mehr ertragen und schwänze.

Lieber gehe ich joggen und besuche bei dieser Runde Don und Dorothy, die ich von der *Bible Study Group* kenne. Dorothy sagte mir letzten Sonntag in der Kirche, dass sie mir ein Kleid für die Musical Aufführung leihen könne, welches ich nun dankend in Empfang nehme. Es passt ganz hervorragend, sowohl auf meinen Körper, als auch in das Bühnenbild.

Mit dem Kleid in einer Tüte unter dem Arm laufe ich weiter zu Roger und Debbie und erzähle dort von meinem Musical-Lampenfieber. Die beiden motivieren und beruhigen mich. Als es mir deutlich besser geht, fährt Debbie mich zurück zum Haus von Familie O.

Dort schlägt Marilyn vor, dass wir zusammen *Cookies* backen. Da uns aber ein paar Zutaten fehlen, machen wir einen kurzen Abstecher zum Supermarkt Raley's, der vierundzwanzig Stunden an sieben Tagen die Woche geöffnet hat.

Ich staune nicht schlecht, als ich sehe, wie viele Menschen hier um 21:00 Uhr noch einkaufen.

Zum Vergleich: In Bielefeld schließen die Geschäfte um 18:00 Uhr, mittwochs sogar schon um 12:00 Uhr, samstags um 16:00 Uhr und sonntags ist gar nicht geöffnet. *Service* ist in den USA kein Fremdwort, sondern wird hier gelebt. Während wir im Raley's mit der Kassiererin ein Schwätzchen halten, kommt die Frage zur Einkaufstüte: *paper or plastic bag?*

Nachdem wir unsere Entscheidung zum Tütenmaterial mitgeteilt haben, verstauen die flinken Hände einer Mitarbeiterin oder eines Mitarbeiters am Ende des Transportbands die

Waren. Hier muss der Kunde nicht selbst packen, sondern kann ganz entspannt die Preise im Display verfolgen, welche aufleuchten, wenn Artikel über den Scanner gezogen werden.

Ohne Hektik nehmen wir die fertig gepackten Taschen in Empfang.

Wir unterhalten uns noch mit anderen Kunden, denn irgendjemand aus dem Bekanntenkreis trifft man hier immer. Dies ist das krasse Gegenteil zu Einkäufen, die ich aus meiner Heimat kenne.

Während wir backen und das ganze Haus schon wunderbar nach Keksen duftet, erzählt Marilyn mir, dass sie als junge Frau ein paar Monate in Deutschland gelebt hat. Sie hat auf einer amerikanischen *Air Base* in der Nähe von Frankfurt gewohnt und gearbeitet.

Marilyn ist ganz stolz darauf, noch ein paar Deutschkenntnisse aus dieser Zeit bewahrt zu haben: „*Einbahnstrasse*", „*Schlüssel*" oder „*Setzten Sie sich. Essen Sie bitte!*" höre ich mehrmals aus ihrem Mund und sie lacht dabei herzlich.

Diese Gastmutter wirkt auf mich immer sehr ausgeglichen, obwohl sie scheinbar nie eine Pause macht und mit extrem wenig Schlaf auskommt. Morgens steht sie bereits um 5:00 Uhr auf und macht eine Stunde Gymnastik, bevor der Rest der Familie langsam aus den Betten kriecht.

Nach einem Bad im Whirlpool und einem *Cookie* als Betthupferl streichen wir für heute Abend die Segel.

Grandma Jane

Ukiah, Samstag 12. März 1988

Rolla und Marilyn sind zum Lake Tahoe gefahren, um im Ferienhaus zu renovieren und noch ein letztes mal in diesem Winter Ski zu laufen.

Als ich aus der Schule komme, erwartet mich Marilyn's Mutter, *Grandma Jane*, die für fünf Tage zu Besuch bleibt. Für die Zeit ihres Aufenthalts in Ukiah bekommt sie mein Zimmer und ich beziehe zum Schlafen das Sofa im Wohnzimmer.

Heidi hat zwar zwei Betten in ihrem Zimmer, aber sie erwartet eine Freundin, die hier übernachten darf. Ausserdem ist mir das Meerschweinchen Fluffy zu nachtaktiv. Wenn es nachts im Käfig raschelt, denke ich jedes mal, ein Einbrecher sei im Haus. Da bevorzuge ich lieber die Wohnzimmercouch.

Zuerst hege ich den Verdacht, man hätte Heidi und mir Grandma Jane als Babysitter auf den Hals geschickt. Was sollen wir denn nun mit dieser Oma?

Ich stelle aber in kürzester Zeit fest, dass die Dame extrem cool und unglaublich lieb ist. Sie behandelt Heidi und mich, als wären wir beide ihre Enkelinnen und ich nicht erst kürzlich in die Familie gekommen.

Sie kocht für uns, fährt uns mit dem Auto, wohin wir gerade gefahren werden möchten und ist ganz selbstverständlich für uns da.

Am liebsten sitzt sie abends draussen, quasselt mit uns, raucht ein paar Zigaretten und trinkt dabei einen Bourbon *on the rocks*. Entsprechend rauchig klingt es auch, wenn sie lacht. Und sie lacht wirklich viel. Ich mag sie sehr.

Bevor Heidis Freundin auftaucht, hat meine Gastschwester einen Langeweile-Anfall und fragt mich, ob ich mit ihr einen Drachen steigen lassen möchte. Du meine Güte, so etwas habe ich aber auch schon lange nicht mehr gemacht.

Wir nehmen uns zwei Fahrräder aus der Garage und düsen zur High School hinüber. Auf dem großen Sportplatz weht der Wind, die Sonne scheint; perfekte Bedingungen für unser Vorhaben.

Der Drachen tanzt am blauen Himmel, Heidi ist glücklich und ich bin es auch. Bei fünfundzwanzig Grad Celsius ist der Wind nicht unangenehm.

Bielefeld versinkt derweil im Regen bei acht Grad.

Keine weiteren Fragen.

Kein Kommentar.

Awareness Day

Ukiah, Dienstag, 15. März 1988

In der High School findet heute kein Unterricht statt. Es ist
Awareness Day.

Das erinnert mich ein bisschen an eine „Projektwoche", nur
in einen Tag hineingepresst.

Es gibt Vorträge zu unterschiedlichen Themen: Beeinflus-
sung durch Drogen, Rockmusik und Massenmedien; Selbst-
mord unter Jugendlichen; Ölbohrungen vor der Küste Men-
docinos; um nur einige zu nennen.

Wir machen auch eine Partner-Übung, bei der einem die
Augen verbunden werden und man von einem anderen Mitschüler über den Campus geführt wird. So lernen wir, wie
schwer es für Blinde ist, sich zu orientieren.

Die Mittagspause ist das Highlight des heutigen Tages: Ein
DJ hat seine Lautsprecherboxen auf dem Tri aufgebaut, wir
haben eine richtige *Outdoor Disco*. Es gibt Essens-Stände an jeder Ecke und für einen Dollar darf man so viel essen, wie man
möchte *(all you can eat)*.

Nachmittags beeindruckt mich ein Sprecher, der als Zwan-
zigjähriger einmal um die Welt gereist ist. Dabei hat er so viel
Elend, speziell in Indien gesehen, dass er seit seiner Rückkehr
extrem dankbar für sein Leben in den USA ist.

Er betont immer wieder: „Das Leben ist ein Geschenk.
Macht etwas daraus.

Müllt Euch nicht mit negativen Gedanken zu. Habt Visionen!"

In unserem Rhetorik Kurs hätte er für seinen Vortrag ein A+ bekommen, da bin ich mir sicher.

Mit Kirstin gehe ich nach der Schule zum Haus meiner Gastfamilie, und wir entspannen erst einmal im Whirlpool. Endlich ein Tag ohne Hausaufgaben!

Marilyn verwöhnt uns heute Abend mit Sauerbraten und Kartoffelpuffern. Dieses Essen ist wie eine kurze Reise zurück nach Deutschland. Herrlich!

Am liebsten hätten Kirstin und ich noch die Teller abgeleckt. Es schmeckt „saulecker".

Premiere

Ukiah, Freitag 18. März 1988

Die letzten Tage dieser Woche habe ich wenig geschlafen,
aber viel geprobt. Jeden Abend stehen wir vier Stunden auf
der Bühne und üben, üben, üben. Die Stepschuhe scheinen zu
glühen.

Ich bin so platt, dass ich heute ausschlafe und die ersten drei
Schulstunden schwänze.

Marilyn ruft mich im Laufe des Vormittags an, um zu fragen, ob ich noch lebe. Sie flötet ausserdem durchs Telefon,
dass sie mein Abendessen in den Kühlschrank gestellt habe.

„Du mußt Dir Dein Essen nur noch in der Mikrowelle auf-
wärmen. Oh ja, und Kirstin ist auch herzlich eingeladen, mit
Dir nach Hause zu kommen und sich zwischen Schule und
Aufführung bei uns auszuruhen."

„Super Idee, Danke Marilyn!"

Die gesamte Crew des 42nd Street Musicals trifft sich um
17:00 Uhr. Akribisch bereiten wir alles für die Aufführung vor.

Die Beleuchtung und Lautsprecher werden getestet. Kilo-
weise Haarspray landet auf unseren Köpfen, Kostüme werden
angezogen.

Wir schminken uns, singen uns ein und wärmen die Muskeln auf, wenn wir nicht gerade zum zehnten mal vor Nervosität auf die Toilette gehen. Ich habe schweissnasse Hände
und einen sehr schnellen Puls.

Die anderen Gesichter erscheinen mir auch blasser als sonst, was nicht nur an der Theaterschminke liegt. Jeder ist hibbelig vor Lampenfiber. Das Auditorium füllt sich mit Menschen. Kein Stuhl bleibt leer, ausverkauftes Haus.

Fünf Minuten bevor es los geht, machen wir einen *Energy Circle* und konzentrieren uns noch einmal richtig. Unsere schauspielerische Leiterin gibt dabei die Anweisungen.

Alle stehen mit geschlossenen Augen in einem großen Kreis und atmen gemeinsam ein und aus.

Dann heißt es Toi, Toi, Toi und der Vorhang hebt sich.

Die Nervosität verschwindet langsam, und dann macht es einfach nur noch Spaß. Meine Füße tanzen wie von selbst und wir schmettern die Lieder gegen die Lautstärke des Orchesters an.

Beim Song „*We're in the money*" bleibt der Vorhang hängen und muss von Hand in die richtige Position geschoben werden. Das irritiert uns auf der Bühne für einen Moment, aber das Publikum lacht ein wenig und nimmt damit den Stress von uns. Ansonsten läuft alles bestens.

Nach einer Zugabe und Verbeugungen sind wir einfach nur noch happy.

Alle Tänzerinnen, Sänger, Musiker, Schauspieler und Techniker dürfen in den Zuschauerraum und ihre Leute begrüßen. Da sehe ich, dass Rolla, Marilyn und Heidi um die Wette strahlen. Sie sind stolz auf mich und loben meinen Auftritt über den grünen Klee.

Marilyn hat feuchte Augen und Rolla schlägt mir immer wieder auf die Schulter mit den Worten „*Good job, Kid!*"

Ich treffe auch Alec, Tina, Casey, Audrey, Monte, Kay, Hilde, weitere Rotarier und Freunde.

Am Ende weiß ich gar nicht, wie viele Menschen mich heute drücken. Es ist unbeschreiblich schön. Im Auditorium herrscht ein großes Stimmengemurmel und zwischen den Stuhlreichen wird gelobt, umarmt und gelacht.

Lasten fallen von uns ab, weil jeder sein Bestes gegeben hat und wir das Publikum mit unserer Show abholen konnten.

Im Anschluss an die Aufführung treffen sich alle Musical-Beteiligten bei einem unserer Schauspieler zur *After-Show-Party*. Als ich dort eintrudle sehe ich, dass das ganze Haus bereits in Beschlag genommen wurde.

Einige der Kids lümmeln sich im Whirlpool, andere sind noch dabei, sich zu duschen.

Irgendjemand hat einen großen Kuchen mit dem 42nd Street Logo organisiert, den unsere Schauspiel-Lehrerin gerade anschneidet, als ich das Wohnzimmer betrete. Wir essen Pizza und erzählen uns lachend, wer was bei der Aufführung erlebt hat.

Als Wendy gegen 1:30 Uhr verkündet, sie würde nun nach Hause fahren, schließe ich mich an. Sie setzt mich netterweise bei meiner derzeitigen Gastfamilie ab, wo ich um 4:00 Uhr schon wieder geweckt werde, denn ich habe einen Termin in Eureka.

Eureka

Samstag 19. März 1988

Eureka ist die größte Küstenstadt an der amerikanischen Pazifikküste zwischen San Francisco und Portland. Die Stadt lebt von einem bedeutenden Fischereihafen.

Gegründet wurde Eureka vor der Jahrhundertwende, als die Holzindustrie hier boomte. Die angrenzenden Wälder gaben das Holz für die Errichtung der Städte an der Westküste, allen voran San Francisco, das seit der Zeit des Goldrausches in Rekordzeit zur Metropole wuchs.

Das Klima an der nordkalifornischen Küste ist perfekt für die berühmten *California Redwood Trees*, Mammutbäume, die über hundert Meter in die Höhe wachsen. Sie sind die höchsten lebenden Bäume der Erde. Das Holz hat tatsächlich einen rötlichen Schimmer, daher der Name „*Redwoods*".

Die Baumrinde ist gut und gerne dreißig cm dick und hält viele Stressfaktoren aus. Auch Feuer vernichtet diese Riesen der Natur nicht, die selbst nach tausend Jahren immer noch weiter wachsen.

Um die gefällten Bäume zu transportieren, wurde im 19. Jahrhundert eigens eine Eisenbahnstrecke durch den Wald gebaut. Hierfür mußten Tunnel durch Felsen gesprengt, Brücken gebaut und viele Kilometer Schienen verlegt werden.

Damals schufteten die Arbeiter unter härtesten Bedingungen und viele von ihnen sind bei Unfällen auf der Baustelle ums Leben gekommen. Wieviel Schweiß und Blut klebt an diesen Schienen?

Als der sogenannte *Skunk Train* erfolgreich die Strecke Willits-Fort Bragg befuhr, wurde er auch bald für den Personenverkehr genutzt.

Heute ist eine Fahrt mit dem *Skunk Train* durch die Wälder Nordkaliforniens eine Touristenattraktion für jung und alt. Dabei werden immer noch alte Dampf- oder Diesel-Loks eingesetzt. Wenn es rattert und tutet, der *Train-singer* dabei die alten Geschichten singend erzählt, dann macht man eine Zeitreise in die Vergangenheit. Man stellt sich unwillkürlich die Damen in langen Kleidern mit großen Hüten oder die *Gentlemen* in dunkeln Anzügen vor. Während sich in der neuen Welt alles in Aufbruchsstimmung befand, boomte nicht nur die Holzindustrie in Eureka, sondern Erfindungen wie das Grammophon, Röntgenstrahlen oder Coca Cola veränderten das Leben der Menschen.

Die dreistündige Autofahrt in den Norden habe ich natürlich komplett verschlafen. Zum Frühstück erreichen wir das Haus von Grandma Jane, denn ihr Heimatort *Fortuna* liegt praktischerweise ganz in der Nähe von Eureka, unserem heutigen Ziel.

Während Heidi heute bei ihrer Oma bleibt, besuchen Marilyn, Rolla und ich die Rotary-Konferenz zum Thema Jugendaustausch.

Anwesend sind dreißig Austauschschüler, die ein lebhaftes Stimmengewirr mit Akzenten aus den unterschiedlichsten Ländern in die Räume tragen.

Dave, der Rotarier, der den Schüleraustausch für diesen Distrikt organisiert, begrüßt alle herzlich und gibt uns viele wichtige Informationen mit auf den Weg.

Es folgen weitere Vorträge und in den Pausen lernen wir uns alle ein bisschen kennen.

Zum Dinner ziehen wir unsere Gala-Garderobe an, denn wir sind in das *Carson Mansion* eingeladen, das am meisten fotografierte Haus der Stadt, welches im Jahre 1886 vom Holzbaron William Carson erbaut wurde. Dieser Palast befindet sich nun im Besitz des *Ingomar Gentlemen Clubs* und ist für die Öffentlichkeit nicht zugänglich. Wir haben eine Sondergenehmigung für diesen Abend im „Holz-Schloß", das aus vielen Türmchen und Gauben zusammengehalten wird.

Ich habe keine Ahnung, was uns erwartet und komme aus dem Staunen nicht mehr heraus, als zwei Butler am Auto auftauchen, die Türen aufreißen und wir am Hauptportal mit Handschlag begrüßt werden.

"Ist das hier ein Staatsempfang, oder was?", rutscht es mir heraus.

Im großen Saal werden wir an runden Tischen platziert, die mit feinsten Kristallgläsern und Silberbesteck eingedeckt sind. Im Schein der Kronleuchter bekommen wir fünf Gänge serviert. Bei einigen Speisen weiß ich nicht einmal, was ich auf dem Teller habe.

Fest steht: Dies ist das offiziellste Essen meines Lebens. Der Abend fühlt sich an, als wäre ich im Hochadel des *Buckingham Palace* gelandet.

Für die Übernachtung werden wir Austauschschüler auf rotarische Familien in Eureka verteilt. Eine siebzehnjährige Dänin namens Maria teilt das Zimmer mit mir. Vor dem Einschlafen versichern wir uns gegenseitig, dass wir diesen Abend, der uns wie ein Prinzessinnen-Märchen erschien, nicht geträumt haben.

Closing Night

Ukiah, Freitag 25. März 1988

Am Nachmittag geselle ich mich zur letzten 42nd Probe. Bis zum Schluß wird geübt, damit auch diese finale Aufführung möglichst perfekt über die Bühne geht.

Die Lehrer haben nicht bedacht, dass wir seit der Premiere und drei weiteren Aufführungen in dem Glauben leben, das Stück nun in- und auswendig zu können. Bei dieser Probe haben wir nur noch Quatsch im Sinn.

Die Jungs treten mit Federboas und Damenhüten auf.

Sie singen anstelle von „*Go into your dance*" heute „*Get into her pants*". Wir bekommen Lachanfälle.

Im Schauspielteil fragt Jeff anstelle von „*What's wrong, Peggy?*" „*Was the test positive, Peggy?*".

Wir kichern die Lieder, anstelle sie zu singen.

Musiklehrer Jim nimmt es gelassen und pfeift die Songs mit, während er das Orchester dirigiert.

Bei Beginn der Aufführung an diesem Abend sind wir aber alle wieder konzentriert.

Kurz vor den ersten Tönen der Ouvertüre kommt der Hausmeister in unsere Garderobe und fragt:

„*Who is Susi?*"

Ich winke ihm zu und er drückt mir einen Blumenstrauß in die Hand, mit der Nachricht: „Von Roger und Debbie".

162

Jetzt fühle ich mich wie ein Hollywood-Star, bin euphorisch. Meine „Fans" sitzen im Publikum.

Als der Vorhang sich zum letzten mal schließt, müssen wir fast alle weinen. So viel Energie und Schweiß haben wir zusammen verbraucht.

Dann ist auf einmal alles vorbei. Schade!

Aber ich bin auch zutiefst dankbar, dass ich bei so einer Produktion teilnehmen durfte.

Angekommen

Ukiah, Montag 27. März 1988

Heute ist schulfrei, da die Lehrer eine Konferenz abhalten.

Ich schlafe aus, bis mich der Lärm des Staubsaugers weckt. Die Putzfrau arbeitet sich an diesem Morgen durch die Zimmer und ist äußerst erschrocken, als ich völlig verschlafen im Flur auftauche. Sie hat nicht mit einem Menschen im Haus gerechnet.

Seit über einem Monat lebe ich inzwischen bei Familie O und muss gestehen, dass sie von mir in dieser Zeit nicht viel gesehen hat. Ich war ständig in der High School und alles drehte sich nur noch um das Musical. Jetzt sollte es ruhiger werden und wieder mehr Konzentration auf die Schulfächer gelenkt werden.

Als Heidi nachmittags nach Hause kommt, bringt sie eine Freundin mit. Ich werde von ihr vorgestellt:

„*This is Susi, my sister.*"

So komme ich zu der Erkenntnis, dass Heidi mich als Familienmitglied voll akzeptiert hat. Und ja: Ich fühle, dass ich hier angekommen bin.

Mein neuer Lieblingsplatz ist die Liege draußen auf dem Holzdeck, neben dem Hot Tub. Der große Swimmingpool ist seit gestern mit Wasser gefüllt, muss aber noch aufwärmen. Bei den dreißig Grad Lufttemperatur, die das Thermometer tagsüber anzeigt, dürfte die Badesaison aber unmittelbar bevorstehen. Ich bin richtig froh, jetzt auch mal faulenzen zu können.

Nachmittags verschlinge ich Bücher aus der High School Bibliothek und wende mich beim Lesen wie ein Brathähnchen in der Sonne, während Brittany mir die Sonnencreme von den Zehen ableckt. Pfui!

Manchmal beobachte ich, wie sie versucht, ihren eigenen Schatten zu fangen; sie ist lustiges Tier.

Der andere Hund, Josie, ist vor ein paar Tagen als Hunde-Greisin von uns gegangen. Sie war uralt und konnte am Ende nicht mehr richtig laufen. Es war eine Erlösung, dass sie nun eingeschlafen ist.

Da die Winter- und Skiklamotten definitiv nicht mehr gebraucht werden, packe ich sie in zwei Kartons und bringe sie zur Post. Luftpost wäre viel zu teuer, so werden die Pakete verschifft. Vier Monate wird ihre Reise dauern, bis sie in Bielefeld ankommen.

Genau heute vor zwei Jahren sind Chris und ich zusammen gekommen. An unserem Jahrestag kommt es mir vor, als wäre er Lichtjahre entfernt. Selbst der Mond erscheint mir näher, wenn ich ihn abends vom Whirlpool aus betrachte, denn den kann ich immerhin regelmäßig sehen.

Und obwohl ich meinen Freund so vermisse, habe ich das Gefühl, dass die Zeit nun rast. Die Tage werden zwar länger, aber sie zerrinnen mir zwischen den Fingern wie Sand.

Es wird mir schmerzhaft bewußt, dass ich die Halbzeit meines Austauschjahres überschritten habe, ohne es zu bemerken.

Wie sehr werde ich all das hier vermissen, wenn ich wieder in Deutschland bin? Es graust mir bei dem Gedanken, wieder auf meine alte Schule zurück zu müssen, in eine andere Jahrgangsstufe, als jene, ich ich verlassen habe. Denn dieses Schuljahr in Ukiah wird mir in Bielefeld nicht angerechnet.

Wenn ich zurückkehre, stehen mir noch zwei Jahre gymnasiale Oberstufe bevor. Allein schon der Gedanke daran lässt mich erschaudern.

Lauter Fragen entstehen in meinem Kopf:

Wie soll ich das kalte Schmuddelwetter am Teutoburger Wald ertragen, wenn es keinen heißen Whirlpool im Garten gibt?

Wie sehr werden mir die Gespräche mit meinen neuen Freunden und Gastfamilien fehlen?

Mit wem soll ich meine Erinnerungen an dieses erlebnisreiche Jahr in Kalifornien teilen? Wird mich in Bielefeld überhaupt ein Mensch verstehen, wenn ich Fernweh nach Ukiah bekomme?

Knüpft man im Leben da wieder an, wo man ausgestiegen ist, nachdem man sich für ein Jahr in eine andere Welt verabschiedet hat?

Oder ist man so sehr verändert, dass man sich verbiegen muss, um die alte Rolle wieder einzunehmen?

Nebel des Grauens

Fort Bragg, 2.-4. April 1988

Familie O besitzt ein weiteres Ferienhaus und dort verbringen wir das Osterwochenende.

Diesmal fahren wir nicht in die Berge, sondern ans Meer, das wir nach neunzig Minuten Autofahrt durch mächtige Redwood Wälder erreichen.

Der Pazifik hat die Felsen abgeleckt und die nordkalifornische Küste ausgefranst, was ihr einen dramatischen Ausdruck verleiht.

Das erkannten vor mir auch schon die Filmproduzenten, die an der Küste nördlich von San Francisco die perfekten Drehorte zum Gruseln fanden: „Nebel des Grauens-*The Fog*" und „Die Vögel", Alfred Hitchcocks Klassiker, wurden hier auf Zelluloid festgehalten.

Der Ort Fort Bragg wirkt wie ein verschlafenes Nest. Es gibt einen Fischereihafen, Sportboote, ein paar Läden, aber nichts, was ich spannend finde.

Als wir eintreffen, ist alles in dickem Nebel verpackt, der so oft vom Meer her über den Küstenabschnitt zieht, um dann hartnäckig hängen zu bleiben. „Nebel des Grauens".

Ich bin wenig begeistert und nenne dieses Kaff „*Fort Gag*". „Gag" heißt würgen und ich unterstreiche die Namensgebung mit der passenden Geste, zwei Finger in den Mund. Meine Gasteltern finden das sehr lustig und sind bester Laune, als wir beim Ferienhaus ankommen. Für sie gehört der Nebel einfach dazu.

Gemeinsam räumen wir das Auto aus und tragen die Sachen ins Haus.

Als Rolla mir einen Karton in die Hand drückt, frage ich ihn, was denn da drin sei. In seiner charmanten Art, ohne viele Worte, antwortet er:

„A dead dog."

Ein toter Hund. Im Nebel des Grauens.

„Haha, das ist ein guter Witz, Rolla. Und jetzt verrate mir bitte, was wirklich da drin ist."

„Also Susi, da ist unsere tote Josie drin. Die haben wir zuhause nach ihrem Tod in der Tiefkühltruhe eingefroren, damit wir sie heute hier beerdigen können. An der Pazifikküste war sie immer am liebsten."

Bei dem Gedanken, was wir in den vergangenen zwei Wochen alles aus der Tiefkühltruhe gegessen haben, in Kombination mit dieser Art von „Self-made Bestattungsunternehmen", wird mir ein bisschen schlecht.

Das Ferienhaus am Rande von „*Fort Gag*" liegt unter Bäumen, fern der Zivilisation. Aber wir sind eh nicht lange im Haus, denn der eigentliche Grund für unsere Anwesenheit befindet sich im Meer und trägt den Namen „*Abalone*".

Das sind tellergroße Schnecken, die für mich allerdings wie Muscheln aussehen. Abalones leben auf Felsen unter der Wasseroberfläche, besitzen ein festes weißes Fleisch und eine wunderbar schimmernde Perlmutt-Schaleninnenseite.

Damit die Population nicht gefährdet wird, gibt es strenge Auflagen. Man braucht eine „*Permit*", eine Art Angelschein, die genau vorschreibt, zu welcher Jahreszeit man eine limitierte Anzahl von Tieren aus dem Wasser holen darf. Der Sheriff vor Ort macht Kontrollen, damit diese Regeln auch eingehalten werden.

Am Strand treffen wir drei Freunde aus Ukiah, die mir als Rollas Tauchkumpels vorgestellt werden. Die Männer schlüpfen in Neopren-Anzüge inklusive Kopfbedeckung, um die Wassertemperatur des kalten Pazifiks ertragen zu können.

Ich finde es sehr interessant zu beobachten, wie sie ihre Taucherausrüstungen zum Meer schleppen und dann darin verschwinden.

Abenteuerlich ist dieses Hobby schon, denn es gibt hier auch Haie, die einen Taucher gern mal mit einer Robbe verwechseln und dann ein Stück abbeißen.

Heidi und ich laufen derweil über den Strand und sammeln Kieselsteine. Irgendwann sind die Männer wieder auf dem Trockenen. Jeder hat ein Netz mit seiner Abalone Beute dabei.

Beim Ferienhaus hat Rolla explizit für die gefangenen Meeresfrüchte ein Spülbecken an der Aussenseite des Hauses errichtet, damit man hier Fische und Muscheln ausnehmen kann, ohne den „Duft" oder Dreck ins Haus zu tragen.

Die Männer sind unglaublich flott bei der Arbeit und man sieht gleich, dass sie Übung darin haben. Dabei wird gescherzt und ein paar Dosen Bier spülen den Durst herunter. Es wird gemütlich.

Noch besser wird die Stimmung, als auch Rick und Jan dazu kommen, die heute Ricks zehnjährige Tochter Sarah mitbringen. Zum Dinner gibt es selbstverständlich frische Abalones, die fast wie Steaks und gar nicht nach Fisch schmecken. Dazu gibt es grünen Spargel, alles sehr lecker!

Als Heidi und Sarah im Bett sind, setzen sich die Erwachsenen an den Tisch und bestücken Plastik-Ostereier mit Schokolade oder anderen Süßigkeiten. Während wir den Osterhasen-Job übernehmen wird geplaudert und gelacht, bis wir schließlich hundert Eier im Haus versteckt haben.

Am nächsten Morgen sind Heidi und Sarah die ersten auf den Beinen. Mit zwei Körbchen ausgestattet, beginnt für die Mädchen sogleich die Jagd auf die Ostereier.

Wir leben aber nicht nur von Süßigkeiten allein und machen ein riesiges Frühstück, bevor wir hinaus in die Nebelschwaden treten. Shopping steht auf der Agenda.

In Fort Bragg ergattern wir ein paar Klamotten zum Schnäppchenpreis und laufen noch einmal über den Strand. Wenn die Sonne jetzt mal scheinen würde, wäre es richtig schön hier.

Aber er hält sich hartnäckig, der Nebel des Grauens.

Arbeitseinsatz beim Honigmann

Ukiah, Freitag, 8. April 1988

Eine Woche dauern die Osterferien und so fragt Rolla mich, ob ich ihm heute mal bei der Arbeit helfen möchte. Das mache ich sehr gern, denn wie er mir versichert, arbeiten wir nicht in seinem Lagerhaus, sondern davor, draußen unter freiem Himmel, der auch heute wieder blau erstrahlt.

Rollas Firma befindet sich im Gewerbegebiet am Ortsrand von Ukiah.

Heute ist der Tag, an dem die großen Fünfzig-Liter-Plastikeimer, in denen er den Roh-Honig bekommt, mit einem Dampfstrahler gereinigt werden müssen, damit sie (wie Pfandflaschen) wieder zurückgegeben werden können. Aus Holz und mit dicken Gummibändern hat Rolla eine Vorrichtung gebaut, in die diese Eimer hineingelegt und fest gespannt werden können. Dann heißt es „Wasser Marsch", um alles sehr heiß und mit viel Druck auszuspülen.

Mein Job besteht darin, die Vorrichtung wieder zu öffnen, die Eimer heraus zu nehmen und die nächsten drei *Buckets* einzuspannen. So muss Rolla nicht ständig hin- und herlaufen, oder den Hochdruckreiniger aus der Hand legen.

Wir sind beide nach ein paar Durchgängen von oben bis unten nass, was aber nicht stört, denn es ist ja schön warm in der Sonne. Ich habe eine alte Jeans-Shorts und meinen Badeanzug an, genau die richtige Kleidung für diesen Job.

Da es ständig nach Honig duftet, bekomme ich schon bald mächtigen Hunger. Bei einem frühen Lunch essen wir Sandwiches und quatschen ganz locker.

So ich lerne ich meinen dritten Gastvater endlich etwas besser kennen. Ich weiß ja bereits, dass Rolla gut und gerne Ski fährt und nach Abalone taucht. Nun erfahre ich, dass er auch begeisterter Jäger ist. Bei unseren gemeinsamen Autofahrten war mir schon mehrfach aufgefallen, dass Rolla jedes Tier im Umkreis von drei Meilen entdeckt. Er deutet dann auf Büsche, Hügel oder Felsen und spricht dabei Sätze wie:

„Dort hinten sind zwei Rehe." oder „Wilde Truthähne auf neun Uhr."

Und dann erst sehen wir sie auch, mit etwas Glück und wenn wir unsere Augen mächtig anstrengen.

Während ich mir Rolla so anschaue, kommt mir der Gedanke, dass er nur irische Vorfahren haben kann. Rötliches Haar, Sommersprossen und der Schnurrbart, der so gut zu ihm passt, lassen ihn so aussehen, wie ich mir einen typischen irischen Einwanderer vorstelle.

Heidi ist ganz der Papa und hat dieses Aussehen von ihm mitbekommen (bis auf den Schnurrbart versteht sich).

Wir sind ein effektives Team und schaffen alle fünfhundert Honigeimer, die gereinigt werden müssen.

Von 8:00-17:00 Uhr dauert der Arbeitseinsatz.

Heute Abend haben wir uns ein Feierabendbier redlich verdient. Zurück im Haus ist mir so heiß, dass ich per Rutsche in den Pool sause, der eine erfrischende Wassertemperatur von achtzehn Grad erreicht hat. Ich erkläre die Pool-Saison hiermit für eröffnet.

Neues Hobby

Ukiah, Sonntag 10. April 1988

Nach dem Kirchgang mit Roger und Debbie fahren die beiden mit Familie O und mir an den Lake Mendocino. Nach einer halben Stunde Autofahrt erreichen wir den See und lassen das *Ski-boat* von Roger und Debbie zu Wasser. Heute steht Wasserski auf dem Programm!

Die Luft flimmert von der Hitze, und ich bin ziemlich aufgeregt.

Mit Schwimmweste und einem Ski verabschiedet sich Debbie als erste ins kühle Nass. Dann zeigt sie uns, wie dieser Sport funktioniert. Sie schiebt einen Fuß in den Gurt des Skis, nimmt das Seil in beide Hände und auf ihr Kommando gibt Roger Vollgas.

Das Boot schießt los und zieht Debbie aus dem Wasser. Sie steht auf dem Ski und fädelt elegant den zweiten Fuss in die dafür vorgesehene Verankerung ein.

Jetzt zieht sie ihre Bahnen hinter dem Boot, kreuz und quer über die Heckwelle. Es sieht bei ihr überhaupt nicht anstrengend aus.

Nach zwanzig Minuten winkt sie uns zu, läßt das Seil los und gleitet auf dem Wasser langsam aus.

Wir heben eine rote Flagge, um anderen Wassersportlern zu signalisieren, dass sich hier ein Mensch unweit des Bootes im Wasser befindet.

Schnell sammeln wir meine Gastmutter Nr. 2 wieder ein. Sie hat nicht einmal die Haare naß. *„Don't get your hair wet!"* ist für die Zukunft die Messlatte für alle unsere Wasserskifahrten.

Jetzt komme ich an die Reihe. Als Anfängerin bekomme ich natürlich zwei Ski, unter jeden Fuß einen. So hänge ich im Wasser, von der Schwimmweste getragen, nehme meinen ganzen Mut zusammen und rufe Skipper Roger zu: *„Hit it!"*

Das Boot setzt sich in Bewegung, es gibt einen Ruck im Seil. Ich will mich hochstemmen, fühle mich wie ein U-Boot. Vor meinem Gesicht befindet sich der komplette See.

Während ich versuche, nicht zu ertrinken, schießt das Boot weiter über die Fluten. Schließlich bekommen ich keine Luft mehr, lasse das Seil los, plumpse rückwärts ins Wasser, was mir vermutlich auch noch einen Einlauf beschert.

Von „aufstehen" und „fahren" kann in meinem Fall keine Rede sein. Meine Mannschaft dreht eine Runde mit dem Boot, um zu mir zu gelangen.

Roger erklärt nochmal ganz ruhig und in einzelnen Schritten, was ich machen soll:

„Lass Dich vom Boot hochziehen, erst dann stehst Du auf."

Nach vier weiteren Versuchen klappt es dann tatsächlich. Wow, das ist einfach irre, wenn man auf den Skiern steht und über das Wasser rauscht.

Natürlich bin ich nicht sehr lange unterwegs und wackele bei jeder kleinen Welle, als wäre dies der Ozean. Aber ich bin total euphorisch über meinen Erfolg.

Das ist ein ganz tolles Hobby und ich bin so dankbar, dass ich diesen Sport erlernen darf. Selbst der folgende Muskelkater, der in Körperregionen auftritt, von deren Existenz ich bisher noch nichts wußte, reicht nicht aus, um mich von weiteren Wasserski Touren abzuhalten.

Nach so viel Sonne, Spaß und Adrenalin fahren wir alle gemeinsam zum Haus meiner aktuellen Gastfamilie, wo Roger und Debbie als unsere Gäste zum Dinner bleiben. Rolla macht sensationelle Steaks auf dem Grill, dazu kommt frischer Spargel und ein 1982er kalifornischer Rotwein auf den Tisch. Als Nachtisch essen wir Cantaloupe Melonen, die so süss und saftig schmecken, wie es nur an einem sonnenverwöhnten Ort möglich ist.

Durch meine Anwesenheit haben sich Roger, Debbie, Rolla, Marilyn und Heidi auch besser kennengelernt und ich bin sehr froh, über die Freundschaft, die sich gerade entwickelt. Natürlich ist es für mich eine wunderbare Sache, wenn wir alle zusammen sind. Darüber hinaus machen beide Gastfamilien Zukunftspläne, wollen beim Rotary Schüleraustausch weiter mitmachen. Ich bin glücklich darüber, dass nicht nur ich von dieser Zeit so angenehm profitiere, sondern auch die Gastfamilien etwas mitnehmen.

Ein Austauschschüler bringt in jedem Fall Veränderungen in eine Familie, im besten Fall als Bereicherung. Ich freue mich, dass ich Eindrücke über Deutschland vermitteln kann, die nicht aus Büchern, Zeitungen oder Reiseführern stammen. Vielmehr sind es Menschen und Alltagsdinge, die unser Leben bestimmen. Durch die vielen Fragen, die mir immer wieder gestellt werden, betrachte ich Lebenssituationen, die mir sonst selbstverständlich erschienen. So lernt man ganz nebenbei auch eine Menge über das eigene Land, die eigene Stadt, die eigene Familie und sogar über sich selbst, weil man sich schlichtweg darüber Gedanken macht.

Was kann jetzt noch kommen?

Ukiah, Dienstag 12. April 1988

Ich fühle mich total erholt. Die Woche Osterferien hat mir
sehr gut getan. Es ist ja auch insgesamt ruhiger geworden.
Ausgeschlafen und ohne Schulstress übernehme ich nun ganz
selbstverständlich deutlich mehr Aufgaben im Haushalt.

Ich füttere weiterhin den Hund, bügele Rollas Hemden, decke den Tisch für das Dinner, bringe den Müll raus. Kleine
Jobs, die aber dankbar von Marilyn kommentiert werden.

Meine neue Lieblingsaufgabe ist die Pool-Reinigung. Mit dem
Kescher fische ich, fast meditativ, Blätter oder Fliegen aus
dem Wasser und spüre, wie mir die Sonne dabei eine wohlige
Wärme in den Körper bringt.
Wenn man so viele Sonnentage wie in Kalifornien erlebt,
dann ist man einfach glücklicher und hat mehr Energie. Kein
Wunder, dass so viele Amerikaner ausgerechnet in Kalifornien
leben wollen. Der Staat trägt zurecht den Namen „*the Sunshine
State*".

Um nicht völlig einzurosten, spiele ich montagabends
Volleyball mit der Kirchenmannschaft, fahre mit Rollas Fahrrad meine Runden durch Ukiah und gehe in den Strassen der
Nachbarschaft joggen. Verlorengehen kann man hier ja nicht.
Typisch amerikanisch sind auch in Ukiah fast alle Strassen wie
auf einem Schachbrett angeordnet. Ich kenne den Ort inzwischen wie meine sprichwörtliche Westentasche.

Bei meinen Streifzügen besuche ich gern spontan Freunde, um mit ihnen in Kontakt zu bleiben.

Der Deutschunterricht bei Roger und Debbie findet weiterhin jeden Mittwochabend statt und sie können bereits ganze Sätze sprechen.

In der Schule absolviere ich heute eine Prüfung, in der meine Mathe-, Lese-, und Schreibfähigkeiten getestet werden. Sollte ich durchfallen, bekomme ich am Jahresende kein *High-School-Diploma*. Ich finde diesen Test aber so einfach, dass ich mir überhaupt keine Sorgen mache.

Ich atme auf und bin entspannt. Alles läuft prima. Wir haben große Pause, hängen im Tri herum.

„Was kann jetzt noch kommen? Ich habe alles erlebt, was so ein High School Jahr hergibt", denke ich gerade, als Jack sich neben mich setzt. Er fragt mich, ob ich ihn zum *Prom* (dem Schulball) begleite.

„Ja natürlich", sage ich, ohne auch nur eine Sekunde zu überlegen.

Vom *Prom* sprechen hier alle seit Tagen. Nun habe ich ein offizielles *Prom-Date* und freue mich auf dieses Event, das Mitte Mai stattfinden wird. Es kommt also doch noch etwas Neues!

Beim Dinner erzähle ich im Kreise meiner Gastfamilie ganz beiläufig, dass ich eine Einladung zum Schulball habe. Marilyn verschluckt sich fast an ihrem Bissen, springt vor Begeisterung auf und ist völlig aus dem Häuschen. Sofort geht sie mit mir den Kleiderschrank durch, um eine Inventur der vorhandenen Kleider zu machen. Da wir nichts Passendes für mich finden, holt sie einen ganzen Stapel Kataloge herbei und blättert sie durch, um sich inspirieren zu lassen.

Sie ist richtig aufgeregt.

Rolla verdreht die Augen und sagt:

„*Marilyn is being young again! She behaves like a teenager*".

So langsam begreife ich, dass es hier nicht nur um einen Abschlussball geht. Der Prom bedeutet mehr. Marilyn steckt mich mit ihrer Euphorie an und ich bin nun sehr gespannt, was es mit diesem „Prom-Hype" auf sich hat.

MORP & TP

Ukiah, Freitag 15. April 1988

Als Heidi aus der Schule kommt, wirft sie sich auf ihr Bett, knuddelt Brittany und fängt an zu weinen. Ich setze mich zu ihr und frage, was denn los sei. Sie holt einen fünffach gefalteten Zettel aus ihrer Tasche und reicht ihn mir. Ich streiche ihr Zwischenzeugnis glatt und schaue auf die Noten.

„Kein Grund zur Panik", versuche ich ihr zu versichern, aber Heidi ist vor allem von sich selbst enttäuscht.

Sie tut mir leid und ich wünschte, ich könnte sie aufheitern.

„Lass uns Cookies backen", schlage ich vor.

Das machen wir und es scheint in diesem Haus das Heilmittel gegen Kummer aller Art zu sein.

Kurz nach dem Dinner holt Jack mich ab. Heute ist *MORP*, das ist PROM falsch herum buchstabiert. Man zieht sich so scheußlich wie möglich an und geht extrem unspektakulär aus.

Als Jack das Haus betritt, brechen meine Gastfamilie und ich in lautes Gelächter aus. Er sieht wie eine weibliche Vogelscheuche aus: Seine Garderobe besteht aus einem weißen Kleid mit blauen Blumen, Strohhut, Seidenstrümpfe, Plastikohrringe, Perlenkette und dazu Turnschuhe. Einfach hinreißend.

Ich habe für mich eine rote Jogginghose entschieden, kombiniert mit pinkfarbenem T-Shirt, darüber eine braune Bluse von Marilyn, eine braune Krawatte von Rolla, zwei ungleiche Strümpfe, abgerundet ebenfalls mit Turnschuhen.

Derart modisch ausgestattet, werde ich von meiner Vogel-scheuchen-Begleitung zum „Fastfood-Gourmet-Tempel" McDonalds chauffiert, wo wir von allen angestarrt werden. Während wir unsere Cola schlürfen, tauchen glücklicherweise noch andere High School Kids in unmöglichen Outfits auf, so dass Jack und ich nicht mehr ganz so extrem auffallen.

Nach dem Drink im feinsten Ambiente, fahren wir zum High School Dance, wo wir die coolsten Verkleidungen bestaunen. Wir tanzen bis zum Schluss und kommen völlig durchgeschwitzt wieder bei meiner Gastfamilie an.

Jack und ich gehen in den Whirlpool, um bei einem Bier den lustigen Abend noch mal Revue passieren zu lassen. Marilyn gesellt sich etwas später dazu und zur Geisterstunde verabschieden wir mein *MORP-Date.*

Ich liege im Tiefschlaf, als Heidi mitten in der Nacht in mein Zimmer kommt und mich weckt. Ein Blick auf den Wecker an meinem Bett verrät mir, dass 2.00 Uhr ist.

„Um Himmels Willen, was ist denn los?", flüstere ich Heidi zu.

„Lass uns mal etwas Verrücktes machen!", schlägt Heidi vor, „*Let's TP the neighbors' house.*"

TP ist die Abkürzung für *Toilet Paper.* Damit den Vorgarten eines Nachbarn zu verunstalten, zählt hier zu einem der be-liebtesten Streiche. Wohlgemerkt, man verwendet unbenutztes Toilettenpapier.

„OK, dann mal los", lautet meine Antwort. Ich schwinge mich schlaftrunken aus dem Bett.

Um weder Hund noch Eltern zu wecken, lassen wir Haustür und Garagentor lieber geschlossen. Stattdessen schleichen wir über die Terrasse in den Garten.

Wir haben acht Rollen rosafarbige Munition dabei, als wir über den Gartenzaun klettern. Hastig rennen wir um die nächste Ecke und machen uns im Schutz der Dunkelheit, direkt unter einer Strassenlaterne, an die Arbeit.

Während wir Blumenbeet und Bäumchen im Vorgarten eines ahnungslosen, schlafenden Nachbarn mit Toilettenpapier behängen, nähert sich plötzlich ein Auto. Wir werfen uns sofort hinter das Gebüsch und harren aus. Das Blut rauscht in den Ohren, während wir versuchen, die Luft anzuhalten.

Hoffentlich hat der Autofahrer uns nicht gesehen. Beide haben wir das Gefühl, der Herzschlag müsste aussetzen, als das Auto wendet und nochmal langsam vorbei fährt. Es bleibt aber zum Glück nicht stehen. Kein bewaffneter Sheriff steigt aus. Wir bleiben unentdeckt in unserem Versteck.

So beenden wir unser „TP- Kunstwerk" und klettern wieder über den Zaun, zurück auf das heimatliche Grundstück. Dabei werfen wir eine Mülltonne um, was natürlich einen Höllenkrach veranstaltet.

Wir halten inne und rechnen damit, dass Brittany nun anschlägt, oder Rolla gleich mit der Jagdflinte vor uns auftaucht. Aber es bleibt alles ruhig und so kriechen wir verschwörerisch grinsend zurück in unsere Betten.

Natürlich bleibt die Aktion nicht unbemerkt. Jeder sieht bei Tageslicht, was für eine Sauerei bei den Nachbarn herum hängt. Am Sonntagnachmittag hält Heidi es schließlich nicht mehr aus. Sie beichtet ihrer *Mom*, dass wir beide es waren, die ihr Unwesen in der Nacht trieben.

Marilyn lächelt nur weise und sagt, diese Erkenntnis sei für sie nicht neu. Ein Blick in unseren Badezimmerschrank, wo es auf einmal kein Toilettenpapier mehr gab, reichte aus, um uns als Täter zu entlarven.

Warum wissen Mütter aber auch immer alles?

Problem gelöst

Ukiah, Freitag 22. April 1988

Die größte aller Sorgen hat sich in Luft aufgelöst: Ich habe ein
Kleid für den *Prom*!

Nach der Schule begleite ich Kirstin ins Haus ihrer Gasteltern in Redwood Valley. Dieser Ort ist das kleinste Kaff, das
ich je gesehen habe. Immerhin kann man mit dem Schulbus
hierher fahren, ansonsten möchte ich hier nicht mal begraben
sein.

Kirstin läßt mich in ihre Garderobe vom *Homecoming* schlüpfen, ein trägerloses Kleid aus schwarzem Satin. Und es sitzt
ganz prima. Na ja, zumindest fast, denn mir fehlt die Oberweite, um das Kleid im Dekolletee auszufüllen, obwohl ich
aufgrund der vielen *Cookies* und ohne die Tanzerei schon ein
paar Pfunde zugenommen habe. Nur leider an den falschen
Stellen, eher so im Bauchbereich.

Als ich dennoch glücklich mit dem Kleid nach Hause komme, macht Marilyn sich sofort an die Arbeit. Die Nähmaschine wird im Wohnzimmer aufgebaut und meine Gastmutter
näht eine goldene Bordüre an den oberen Teil des Ausschnitts,
was dem Kleid einen ganz anderen Charakter verpaßt. Aber
dann muss ich Marilyn vor eine Herausforderung stellen:

„Houston, wir haben ein Problem! Meine Busen sind zu
klein!"

Da zieht Marilyn ein paar Schulterpolster aus der Schublade und befestigt sie mit wenigen unsichtbaren Stichen in den Körbchen.

„Welches Problem, Susi?"

Ich könnte Marilyn abknutschen.

Da ich keine passende Jacke zum Kleid habe, gibt sie mir noch eine gold-schwarz schimmernde Stola, um die Schultern zu bedecken.

Per Brief bitte ich meine Mutter, mir ihre schwarzen langen Satinhandschuhe mitzubringen, wenn sie nach Ukiah kommt. Perfekt, nun ich bin ausgestattet.

Abends kommen Rick und Jan zu Besuch und ich führe den beiden sogleich meine „Prom-Tracht" vor. Sie stimmen zu, dass ich so zum Tanz gehen könne.

„Jetzt fehlen nur noch die Blumen", erklären sie mir.

„Was denn für Blumen?"

„Oh, dafür ist der Herr, der Dich ausführt, zuständig. Du mußt ihm nur die Farbe Deines Kleides verraten, damit er den passenden Blumenschmuck organisieren kann."

„Wird das hier eine Krönungszeremonie, oder ein Schulball?"

Ich habe die Dimension immer noch nicht erfasst.

Road Trip

Fresno, 29. April-1. Mai 1988

Kirstin und ich spurten nach der Schule zum Haus meiner Gasteltern, wo wir von Rolla und Marilyn bereits erwartet werden. Unsere Taschen kommen ins Auto, dann holen wir Heidi an der Junior High School ab und schon geht es los, zu unserem dreitägigen *Road Trip*.

Es ist so schön, dass ich Kirstin einladen durfte mitzukommen.

Stunden später erreichen wir das große Tal südlich von Sacramento und ich zitiere im Geiste Herrn von Goethe: „Kennst Du das Land, wo die Zitronen blühen? Im dunklen Laub die Goldorangen glühen?"

Er hatte beim Dichten wohl nicht an das San Joaquin Valley gedacht, aber es hätte gepaßt.

Wir fahren durch kilometerlange Obstplantagen. Bis zum Horizont erstrecken sich Felder voller Weintrauben, Tomaten, Zitronen, Orangen, Avocados, Pfirsiche, Mandeln und Melonen in Hülle und Fülle. In diesem Tal herrschen die perfekten Bedingungen für den Obst- und Gemüseanbau:

viel Sonne, milde Nächte und genug Wasser aus der Sierra Nevada, das durch Bewässerungsgräben zum Einsatz kommt. Nicht umsonst wird die Stadt Fresno die Rosinen-Hauptstadt genannt. Über dreihundert Tonnen der süßen Früchte werden hier jährlich produziert und in alle Welt exportiert.

Als wir Fresno erreichen, beziehen wir das Haus von Freunden meiner Gasteltern, die ich bereits beim ersten Skiausflug am Lake Tahoe kennenlernen durfte. Unsere Gastgeber, Skip und Judy, wohnen in einem großen Haus, das wir Mädchen erst einmal erkunden.

Da es auch an diesem Abend sehr heiß ist, treffen wir uns alle im Pool wieder, der hier schon angenehme siebenundzwanzig Grad Wassertemperatur hat. Wem das zu kühl erscheint, darf im Whirlpool Platz nehmen.

Um den Pool herum läuft eine Hündin, die genau so aussieht wie unsere Brittney. Rolla erklärt Kirstin und mir, dass dies Brittney's Mutter sei.

In zwei Autos brechen wir am nächsten Tag früh auf. Zusammen mit Skip und Judy fahren wir in den Yosemite Nationalpark, den wir nach zwei Stunden Fahrt erreichen.

An die vielen Stunden im Auto habe ich mich inzwischen gewöhnt. Die weiten Entfernungen hier sind ganz anders, als in Europa. Die USA sind sechsundzwanzig mal größer als ganz Deutschland. Allein in den Staat Kalifornien würde Westdeutschland doppelt hinein passen.

Die Autofahrten sind aber nicht nur länger, sondern auch stressfreier. Man fährt langsamer als in Deutschland und hier gilt das Motto: Der Weg ist das Ziel.

Yosemite ist einer der bekanntesten Nationalparks der USA. Kirstin und ich staunen über die wunderbaren Aussichten auf gewaltige Felsen und Wasserfälle, die sich vor uns ausbreiten. Es ist, als würde man auf eine Postkarte schauen. Diese atemberaubende Landschaft zieht natürlich auch viele Touristen an, von denen es hier wimmelt.

Wir sind wieder in den hohen Bergen der Sierra Nevada und bekommen das im Laufe des Tages sehr deutlich zu spüren: Es fängt an zu schneien.

Mit unseren dünnen Jacken sind wir ruck zuck durchgefroren und je mehr Schneegestöber aufzieht, um so weniger können wir sehen. Nachdem wir beim Park-Ranger erfahren, dass einige Pass-Strassen nur noch mit Schneeketten befahrbar oder bereits ganz gesperrt worden sind, fahren wir früher als geplant zurück ins warme Fresno.

An Tag drei unseres *Road Trips* begeben wir uns zum Sequoia National Park und den angrenzenden Kings Canyon.

Die Luft ist noch eisiger als am Vortag und binnen weniger Minuten haben wir alle rote Nasen. Wir wollen nicht länger frieren, kaufen uns Fleece-Jacken im *Gift Shop* des Parks.

Heute beeindrucken uns die großen Mammutbäume, die *Sequoia Redwoods*, die zwar nicht so hoch wachsen, wie die verwandten Redwoods im Norden Kaliforniens, aber breiter werden und mehr Holz produzieren. Sie können über zweitausend Jahre alt werden und zählen zu den größten Bäumen der Erde.

Wenn man sich neben so einen *Sequoia* stellt, fühlt man sich winzig klein, wie eine Ameise. Allein schon die Dimension verleiht den Bäumen etwas Magisches und Majestätisches. Ich verneige mich vor den Riesen in Demut.

Weiter geht die Fahrt in den angrenzenden Kings Canyon. Hier lacht uns die Sonne wie eine alte Freundin entgegen, und wir finden einen geeigneten Platz für unser Lunch.

Direkt am rauschenden Bach mit *Roadside Table* werden
Hunger und Durst gestillt. *Roadside Table* sind Holztische mit
Bänken, die es überall in Amerika an Strassen, Parkplätzen
oder Wanderwegen gibt. Picknick gehört zu einer Reise selbstverständlich dazu.

Speziell Familie O hat immer eine Kühlbox mit Snacks und
Getränken dabei. So ist/isst man unabhängig und kann
immer dann eine Futterpause einschieben, wenn es gerade
nötig ist. Obwohl hier so viel mit dem Auto gefahren wird,
sind Raststätten fast nicht vorhanden.

Fazit des *Road Trips*: Ich hätte mir im Traum nicht vorstellen
können, dass es irgendwo auf der Welt möglich ist, innerhalb
weniger Stunden von Schneegestöber zu einem Ort mit
Zitronenbäumchen und sechsunddreißig Grad Lufttemperatur
zu fahren.

Eine kleine Welt

Ukiah, Montag 2. Mai 1988

Heidi, Kirstin und ich werden in der Schule entschuldigt:
„*Out of town*".

Wir fahren mit Rolla zum Flughafen nach San Francisco, um meine Eltern dort abzuholen. An der großen Glasscheibe drücken wir uns die Nasen platt, um im Gewimmel der angekommenen Passagiere, die bekannten Gesichter zu entdecken. Ist es tatsächlich acht Monate her, seit ich meine Koffer genau hier in Richtung Einwanderungsbehörde schob? Es kommt mir vor, als lägen Jahre zwischen meiner Ankunft und dem heutigen Tag.

Als sich die Tür unter dem Schild „*Arrivals*" öffnet und meine Eltern auf uns zukommen denke ich als erstes:

„Sie haben sich überhaupt nicht verändert. Ich hingegen schon!"

Wir fallen uns in die Arme und drücken uns minutenlang, sind erstmal sprachlos. Allein die Tatsache, dass sie leibhaftig vor mir stehen, erscheint mir so unglaublich. Die Welt ist für mich deutlich kleiner geworden.

Rolla, Heidi und Kirstin begrüßen meine Eltern ebenfalls, heißen *Hans and Ingrid* herzlich willkommen.

Auf dem Weg zum Auto schaut meine Mutter mich von der Seite an und sagt:

"Du hast aber ganz schön zugenommen. Da kann ich ja kaum noch meine Arme um Dich legen".

Und in dem Moment trifft mich die Erkenntnis wie ein Schlag: Dies ist mein Jahr! Ich mache hier meine eigenen Erfahrungen. Ganz prima bin ich acht Monate lang ohne die erzieherischen Ratschläge meiner Eltern ausgekommen.

Das letzte, was ich jetzt hören möchte, sind typische Elternsätze wie:

„Pass auf Dich auf. Nicht so viel essen! Sagst Du auch immer Danke?"

So sehr ich mich darauf freue, meinen Eltern alles in Ukiah zu zeigen, genauso nervig empfinde ich jetzt ihre maßregelnden Sprüche. Ich bin ein selbständiger Mensch geworden. Mich jetzt wieder in die Tochterrolle einzuordnen, mißfällt mir ganz und gar, besonders hier, in meinem heiß geliebten Kalifornien.

Da ich aber an so einem wichtigen und emotionalen Tag keinen Streit anfangen will, halte ich einfach den Mund. Irgendwann werden meine Eltern schon mitbekommen, wie sehr ich mich verändert habe.

Wir erreichen nach zweistündiger Fahrt das Haus von Roger und Debbie. Die beiden verstehen sich auf Anhieb blendend mit meinen Eltern, und es wird sehr viel gelacht. Natürlich bin ich stolz darauf, dass meine Eltern so gut Englisch sprechen. Bevor ich geboren wurde, haben sie vier Jahre in den USA gelebt. Mein Bruder wurde in Amerika geboren. Das hat meine Familie sehr geprägt. Ich sehe, dass sie sich im Kreise meiner Gastfamilien pudelwohl fühlen.

Am späten Nachmittag kommen Marilyn und Heidi dazu. Die Konversation wird immer lauter und lustiger, fast so, als würden sich alle schon ewig kennen.

Die mitgebrachten Geschenke aus Deutschland werden verteilt und Pläne für die nächsten Tage besprochen.

Meine drei Gastfamilien haben ganze Arbeit geleistet und sich eine abwechslungsreiche Agenda für die Bielefelder Besucher ausgedacht.

Ich bin schon wieder ganz überwältigt von der Gastfreundschaft der Menschen, bei denen ich leben darf. Es überkommt mich immer mehr das Gefühl, dass ich Ihnen etwas zurückgeben möchte. Aber wie kann man so viel Nestwärme, Vertrauen und Verständnis je wieder wett machen?

Jetzt bin ich froh, dass meine Eltern bei Roger und Debbie wohnen, während ich mit Familie O in mein aktuelles Zuhause zurückfahre. Hier kann ich wieder sein, was ich die letzten Monate geworden bin:

Susi, the Exchange student in California, anstelle von Susanne, Tochter aus Bielefeld.

Eine Botschafterin möchte ich sein, die hier eigene Erfahrungen macht. Bin ich jetzt sehr egoistisch? Aber ich habe nur sehr begrenzte Zeit in dieser Welt als Austauschschülerin. Da möchte ich keinen einzigen Tag mit schlechter Laune verschwenden.

Rückflug verbindlich gebucht

Ukiah, 3. - 4. Mai 1988

Der erste Wiedersehens-Schock hat sich gelegt und ich freue mich nun darauf, meinen Eltern endlich alles zeigen zu können, was ich zuvor in meinen vielen Briefen beschrieben hatte.

Während ich noch in der Schule bin, fliegen meine Eltern mit Rick in dessen Flugzeug darüber. Er hat sie zu einem Rundflug eingeladen und zeigt Ihnen Ukiah aus der Vogelperspektive. Sensationell!

In der Mittagspause verabschiede ich mich aus der Schule. Mit Alec und meinen Eltern fahre ich zum Rotary Meeting.

Voller Dankbarkeit erlebe ich, wie *Hans and Ingrid* als Ehrengäste des Meetings gewürdigt werden. Einer der Winzer schenkt ihnen eine Flasche edlen kalifornischen Wein, Hände werden geschüttelt und es wird immer wieder betont, wie sehr die Gäste aus Bielefeld willkommen sind.

Nach dem Rotary Meeting fahren wir mit Alec zur Familen-Ranch nach Hopland. Ich finde es wunderbar, endlich wieder hier zu sein, die Kolibris zu beobachten und das Grillen-Gezirpe zu hören.

Wir rumpeln mit dem zerbeulten Jeep über das Gelände, so wie ich das mit Alec kurz nach meiner Ankunft im August gemacht habe. Nun erleben meine Eltern das gleiche Freiheitsgefühl in diesem Naturparadies.

Um alle Ziele während ihres Ukiah-Aufenthalts zu erreichen, dürfen meine Eltern mit dem Honda von Marilyn fahren, die ihr Auto ganz selbstverständlich zur Verfügung stellt.

So gelangen wir nach Rundflug, Rotary-Meeting und Ranch-Besuch wieder nach Ukiah zurück.

Marilyn hat zum Dinner eingeladen. Rolla ist heute Abend geschäftlich in Santa Rosa unterwegs und verbringt dort auch die Nacht. Ich räume mein Zimmer, denn Besuch aus Fresno rückt an. Wenig später stehen Skip und Judy, unsere lieben Gastgeber von letzter Woche, in der Tür. Sie schlafen in meinem Zimmer und ich nächtige bei Marilyn im Bett, auf Rollas Platz.

Dies ist eine der unruhigsten Nächte meines Lebens, denn meine Gasteltern haben ein Wasserbett. Jedesmal wenn Marilyn sich umdreht, werde ich wach, weil ich das Gefühl habe, an Bord eines Schiffes zu sein, das gerade sinkt. Wellenartig bewegt sich der Untergrund und es plätschert in der Matratze. Hätte ich doch im Wohnzimmer auf der Couch gepennt!

An ihrem zweiten Tag in Ukiah dürfen meine Eltern mit in die Schule gehen. Im Sekretariat besorge ich ihnen zunächst einen *Pass*. Das ist eine Erlaubnisbescheinigung, um sich auf dem Campus bewegen zu dürfen.

Da ist man hier sehr streng, um die Schüler vor Übergriffen Unbefugter zu schützen. So soll es Dealern erschwert werden, auf dem Schulgelände Drogen zu verkaufen. Es gibt eine Art Patrouille auf dem Schulhof und wer keinen *Pass* hat, wird sofort vom Gelände verwiesen. Das gilt auch für uns Schüler. Falls wir während des Unterrichts den Klassenraum verlassen, müssen wir uns vom Lehrer einen solchen *Pass* geben lassen. Es wird nicht geduldet, dass jemand ohne einen solchen Zettel von A nach B marschiert. Das ist sehr befremdlich für mich, aber bei diesem offenen Schulgelände verstehe ich das Problem.

Die Stunde nach dem Lunch ist meine Psychologie Klasse und jetzt kommt es mir sehr gelegen, dass meine Eltern da sind. Seit dem Ende der Osterferien lautet nämlich die Aufgabe für jeden Schüler: Bringe einen oder mehrere Gastsprecher zum Unterricht mit.

Das Thema dürfen wir frei wählen. Wir haben auf diese Art und Weise schon ganz unterschiedlichen Vorträgen gelauscht. Besonders beeindruckt hat mich eine blinde Dame, die mit ihrem ausgebildeten Blindenhund kam, uns vorführte, wie sie ihre Glasaugen einsetzt und die Probleme ihres Alltags schilderte.

Ein weiterer Gast war Rick, der über sein Thema „Positives Denken und das Erreichen von Zielen" sprach.

Heute sitzen *Hans and Ingrid from West Germany* vor den Psychologieschülern und berichten über ihr Leben in einem anderen Land. Wie bei allen Vorträgen in dieser Klasse, gibt es eine umfangreiche Frage- und Antwort-Runde.

Dabei kommen zuerst einmal die „blöden" Fragen, an die ich mich nun schon gewöhnt habe:

„Do you still have Nazis in Germany?", gefolgt von, *„Do you have cars in Germany?"*

Bei diesen Fragen wundere ich mich immer wieder, wie wenig einige meiner Mitschüler über andere Länder wissen. Ob sie überhaupt nachdenken, wenn sie so etwas fragen?

Ein Mädchen möchte wissen, ob meine Eltern denken, dass die beiden Teile Deutschlands je wieder vereinigt werden können. Diese Frage finde ich jetzt mal richtig gut und echt spannend.

„Nein, das können wir uns nicht vorstellen. Was sollte die Sowjets dazu veranlassen, die DDR aus dem Warschauer Pakt zu lassen und zurück an die Bundesrepublik zu geben?"

Wir sprechen weiter über den Sonderstatus, den Berlin einnimmt, seit es in Sektoren aufgeteilt und von einer Mauer durchzogen wurde.

Am Ende der Stunde bin ich mit meinen Gastsprechern sehr zufrieden. Sie haben einen guten Job gemacht. Es war eine angeregte Diskussion im Klassenraum.

Nach der Schule nutzen meine Eltern und ich die Zeit, um über meine Zukunftspläne zu sprechen, die meine Gastfamilien mit mir zusammen ausgeheckt haben.

Jetzt ist es gut, dass Mama und Papa live miterleben, wie nah mir meine Gastgeber stehen. Die Einladungen, die ich von ihnen bekomme, sind nicht oberflächlich.

Nach dem Schulabschluss findet für mich erst einmal die Rotary Austauschschüler Western Safari statt.

Dann bleibe ich zwei Wochen bei Roger und Debbie.

Es folgen weitere acht Tage Urlaub auf deren Boot.

Im August haben Rolla und Marilyn mich zu einer Woche Ferien am Lake Tahoe sowie einer Woche Urlaub in Mexiko eingeladen.

Meinen Rückflug nach Frankfurt werde ich auf Mitte August verschieben. Dann habe ich mein Jahres-Visum bis zum letzten Tag voll ausgenutzt und muss das Land verlassen. Bis zum Schulanfang in Bielefeld bleiben mir sieben Tage Zeit, um mich zu akklimatisieren.

Meine Eltern sind mit allem einverstanden und geben mir ihren Segen dazu.

Ich freue mich, dass wir das alles persönlich besprechen können. Im Reisebüro buchen wir meinen Rückflug nun verbindlich für den 15. August 1988. Danach will ich über das Thema „Rückkehr nach Deutschland" nicht mehr sprechen.

Vielmehr machen wir uns fein, denn Jasons Gasteltern, Monte und Kay, haben zu einer Party eingeladen. Besser könnte es nicht passen, denn Jason feiert seinen neunzehnten Geburtstag, hat seine Führerscheinprüfung bestanden und seinen Onkel aus Australien als Überraschungsgast zu Besuch. Genügend Anlässe, um zu feiern.

Monte und Kay waren so aufmerksam, auch meine drei Gastfamilien, Kirstin, Cristina, Rick und Jan und die deutschen Nachbarn Hilde und Walter einzuladen. Leider ist Walter sehr krank und kann nicht kommen. Hilde verbringt aber etwas Zeit mit uns.

Heute Abend lernen meine Eltern alle die Menschen kennen, die mir so ans Herz gewachsen sind. Das ist ein riesiges Geschenk.

Abschied am Muttertag

Oakland, Sonntag 8. Mai 1988

Im Verlauf der letzten zwei Tage haben wir San Francisco unsicher gemacht. Wir zogen zwischen anderen Touristen und Einheimischen durch die Strassen, bergauf und bergab, fuhren mit der bimmelnden Cable Car, flanierten im berühmten *Fairmont Hotel*, betrachteten die Seehunde am *Pier 39* und bummelten am *Ghirardelli Square*.

An diesem Morgen machen wir uns ein feines Frühstück an Bord der *Mutual Fun*, so dass es rasch nach *English Muffins* und Kaffee duftet. Dazu wird eine Flasche Sekt geköpft. Immerhin wollen wir die Bielefelder gebührend verabschieden und heute ist ja schließlich Muttertag.

Debbie ist hier eine „Mutter" für mich geworden. Mama ist es seit meiner Geburt. Die Tatsache, dass wir heute in Kalifornien zusammen sind, ist natürlich etwas Besonderes.

Ich bin sehr froh darüber, dass meine Gasteltern diesen Besuch so wunderbar organisiert haben. Wir hatten keine Minute Stillstand und es war gut, so wie es war.

Ich habe ein kleines Geschenk, das ich Mama nun beim Sektfrühstück überreiche. Sie packt den Fotorahmen aus dem Geschenkpapier und schaut auf eine selbstbewußte junge Frau, deren Gesicht eine Zufriedenheit ausstrahlt, im Jetzt und Hier so viel Neues zu entdecken.

Ein paar Tränen laufen über ihr Gesicht, als sie auf mein „Senior Picture" schaut, das der Fotograf in der High School gemacht hat. Wir brauchen nicht weiter zu sprechen, denn ich weiß, dass sie nun versteht, dass ich zwar noch ihre Tochter, aber nicht mehr das kleine Mädchen bin.

Gegen Mittag fahren wir über die *Richmond-San Rafael-Bridge* nach Oakland, von wo aus meine Eltern weiterfliegen werden. Sie machen noch zwei Wochen Urlaub in den USA, bevor es zurück über den Atlantik geht.

In der Nähe des Flughafens finden wir ein Hotel, das für eine Übernachtung geeignet erscheint. Während Roger und Papa das Gepäck aus dem Auto holen, inspizieren wir Frauen das Zimmer.

Es gibt zwei Queen-Size-Betten und am Nachtschränkchen ist ein Münzeinwurf. Wofür? Wir haben nicht die leiseste Ahnung, setzten uns auf das Bett und werfen einen *Quarter* ein.

Das Bett beginnt zu ächzen, zu rappeln und zu wackeln. Vor lauter Schreck springen wir kreischend auf. Dann wird uns klar, dass es sich um ein Massage-Bett handelt, und wir legen uns zu dritt auf das schwankende Ungetüm, eng aneinander liegend wie die Ölsardinen.

Als die Männer hereinkommen und uns so sehen, trauen sie ihren Augen nicht. Wir können nur noch lachen, während das Bett weiter rattert, so dass uns die Zähne aneinander schlagen.

Ich verabschiede mich von meinen Eltern, wünsche ihnen einen tollen Urlaub und bin froh, dass wir so gut gelaunt auseinander gehen.

Schön, dass sie da waren.

Prom Countdown

Ukiah, Mittwoch 11. Mai 1988

Der Schulalltag hat mich wieder eingeholt. Keine Entschuldi-
gungen mehr, jetzt wird sich auf Tests und Hausaufgaben
konzentriert.

Oder? Ach nein, der Prom kommt ja auf uns zu.
Ich bin somit wieder abgelenkt, habe heute zwei Termine:

1.) Jack fährt mit mir nach der Schule zum Blumenladen auf
der State Street, um das *Flower bouquet* zu bestellen, das ich am
Arm tragen werde. Für ihn gibt es, die dazu passende Version
am Smoking-Revers.

2.) Meine Haare müssen geschnitten werden, damit die wal-
lende Mähne auf meinem Kopf am Samstag irgendwie gestylt
aussieht.

Den Frisörjob übernimmt Debbie. Da wir heute auch
unseren Deutschunterricht haben, verbinden wir das eine mit
dem anderen. Gastmutter Nr. 2 platziert mich mit einem
Umhang über den Schultern in ihrer Waschküche.

Während sie mir die Haare schneidet, lasse ich sie das
schöne Wort „Frisör" üben. „Der Frisöööööør, die Frisöre, die
Frisörin, die Frisörinnen…"

Am Ende meint Debbie, Ihre Zunge habe sich bestimmt
mehrfach verknotet. Zur Auflockerung derselben sprechen wir
noch dreimal gemeinsam ihre beiden deutschen Lieblings-
wörter: „Obst" und „Entschuldigung".

Cinderellas Schuhe drücken

Ukiah, Samstag 14. Mai 1988

Und dann ist er da, der große Prom-Tag.

Das Telefon klingelt um 7:00 Uhr und weckt mich mitten aus einem Traum. Chris ruft an.

Er schafft es aber auch immer wieder, an den bedeutendsten Tagen zum Hörer zu greifen. Hat er einen Gefühlspeilsender, oder wie macht er das? Ich erzähle ihm vom Besuch meiner Eltern und der bevorstehenden Kanadareise mit der Schulband. In sechs Tagen werden wir losfahren.

Über den Prom spreche ich nicht, denn ich weiß ja selbst noch nicht, was mich da erwartet. Ich finde es auch unpassend, ihm von meinem Prom-Date zu erzählen.

Chris berichtet mir den neusten Stand seiner Ausbildung und dass er sich ein größeres Motorrad zulegen will.

Das kann ich mir gerade genau so wenig vorstellen, wie er meinen Schilderungen wohl auch nur ansatzweise folgen kann. Zum Sprechen haben wir immer nur wenige Minuten Zeit. Das Geld hört man sprichwörtlich mit jeder tickenden Sekunde durch die Leitung rattern. Wie soll man da etwas ausführlich beschreiben?

Draussen herrscht eine Lufttemperatur von dreißig Grad. Der Pool ist einladend. Ich gehe es ruhig an und tanke Sonne für meinen Teint, bis es Zeit wird, in das Promkleid zu steigen.

Jack kommt um 18:00 Uhr, um mich abzuholen.

„Smart" wäre als Beschreibung untertrieben. Er sieht fabelhaft aus. Der Smoking steht ihm ganz ausgezeichnet. Blond, groß und breitschultrig wie er ist, steht er nun da, wie ein junger Gentleman aus einem englischen Film.

„My Lord, darf ich Ihnen die Blumen ans Revers stecken?", höre ich mich fragen.

Er grinst und lässt mich machen. Dann steckt er mir das kleine Blumenbukett ans behandschuhte Handgelenk und flüstert mir ins Ohr:

„Du siehst phantastisch aus!".

Marilyn fotografiert uns von allen Seiten, dann fahren wir zu Jacks Haus, um von seiner Mutter erneut abgelichtet zu werden.

Zum Dinner führt Jack mich ins feinste Restaurant nach Hopland aus. Als wir eintreten, denke ich, dass wir nun in eine Hochzeitsgesellschaft hineinplatzen. Aber dann erkenne ich, dass es sich ausschließlich um Seniors und Juniors der High School handelt, die hier in Ballkleid und Smoking dinieren.

An einem der Tische entdecke ich Kirstin in einem Traum aus weiß und rosa. Ihr *Prom-Date* passt nicht nur farblich perfekt zu ihr, sondern der junge Mann hat auch noch die gleichen blonden Haare wie sie. Besser geht es optisch wirklich nicht.

Zum ersten mal, seit wir uns kennen, sprechen wir jetzt deutsch miteinander. Sie möchte von mir etwas wissen, das nicht für andere Ohren bestimmt ist:

„Was hast Du mit Deiner Oberweite gemacht?"

Ich zwinkere ihr zu und antworte auf deutsch:

„Mit Schulterpolstern nachgeholfen. Marilyn ist ein Genie an der Nähmaschine".

Und dann wenden wir uns wieder den Prinzen an unserer Seite zu.

Nach dem Menü fahren wir an den Ort des Geschehens, zum Ballsaal (sonst die Aula der High School).

Es verschlägt mir einfach den Atem, als wir eintreten. Man erkennt nicht eine Ecke des Auditoriums wieder:

Von der Decke hängen hunderte von Ballons und Glitzer-girlanden. Alles ist in den Farben rot, silber und schwarz deko-riert.

Auf den Tischen stehen Sektkelche mit der Aufschrift „*A Midnight Maskerade, Junior-Senior-Prom, 1988*". Der gleiche Auf-druck befindet sich in goldenen Lettern auf den farblich abge-stimmten Servietten, die neben den Karaffen mit alkoholfreier Bowle auf schwarzen Tischdecken liegen.

„Oh mein Gott, ich bin in einem Märchen gelandet", schießt es mir durch den Kopf.

Meine Freundinnen sind alle wie verwandelt. Glatte Haare wurden mit Lockenwicklern zu Hollywood-Frisuren drapiert. Jede steckt in einem wunderschönen Kleid. Heute Abend sind alle anwesenden Mädchen, eine Cinderella. Auch wenn die neuen Pumps ein bisschen drücken und bestimmt nicht als Glasschuh vom Fuß rutschen werden.

Jeder, der den Film „Zurück in die Zukunft" gesehen hat, weiß was im ersten Teil passiert, als Marty Mc Fly alles daran setzt, dass seine Eltern sich beim High School Prom zum ersten mal küssen. Auch diese beiden werden beim „*Enchantment Under the Sea Dance*" von der Dekoration, der Stimmung und der Musik verzaubert. Genauso fühlt sich das hier heute Abend an.

Wir tanzen bis in die frühen Morgenstunden.

Alles erscheint mir total unwirklich.

Dann ist der Ball zu Ende. Die Paare schlendern hinaus zu den Autos.

Jack fährt mich nach Hause und jetzt merke ich, wie sehr mir die Füße weh tun. Im Haus angekommen, machen wir kein Licht an. Wir werfen die Schuhe und Ballroben ab. Ich schlüpfe in meinen Badeanzug und ganz selbstverständlich landen wir im Whirlpool.

Wir schauen hinauf zum Sternenhimmel, das warme Wasser blubbert um unsere Körper herum. Wir blubbern die Sätze, die uns gerade durch den Kopf gehen.

Irgendwann kommen keine Worte mehr, sondern ich fühle Jacks Hand, die mich zu ihm hinüber zieht. Wir halten uns fest umklammert, aneinander gepresst, als würden wir gleich ertrinken. Als wäre dies nicht der Whirlpool meiner Gasteltern, sondern die sinkende Titanic, die jeden Moment vom Atlantik verschlungen wird.

Und dann küssen wir uns. Es entladen sich alle aufgestauten Emotionen der letzten Monate, Wochen und des Abends wie die Blitze eines Gewitters. In unseren Küssen versuchen wir das prickelnde Gefühl dieses Augenblicks festzuhalten, obwohl wir wissen, dass es kein Happy End für uns in der Zukunft geben wird.

Irgendwann schaltet sich mein Kopf wieder ein und ich flüstere:

„Du weißt doch, dass ich zuhause einen Freund habe"

„Damit kann ich leben. Jetzt sind wir beide hier zusammen und ich mag Dich so wahnsinnig!"

„*Oh man, same over here*", bringe ich noch hervor.

Wir küssen uns noch einmal sehr lange zum Abschied, dann verläßt er das Haus. Der Wecker in meinem Zimmer verrät mir, dass es inzwischen 3:00 Uhr ist.

Irgendwie gelingt es mir noch, mich abzutrocknen. Den nassen Badeanzug lasse ich fallen und falle selbst völlig erschöpft ins Bett. Ich kann nichts mehr denken, schlafe komatös bis Kaffeeduft und das Stimmengemurmel meiner Gastfamilie mich Stunden später wecken.

„Wow, was habe ich für einen abgefahrenen Traum gehabt", sind meine ersten Gedanken. Dann sehe ich den Badeanzug und das Handtuch vor meinem Bett auf dem Boden liegen.

Gefühlsachterbahn

Ukiah, Donnerstag, 19. Mai 1988

In meinem Kopf ist nur noch weißer Nebel.

Einerseits war der Prom-Abend märchenhaft schön, andererseits habe ich ein schlechtes Gewissen meinem Freund gegenüber. Am liebsten würde ich jetzt mal kurz nach Hause fliegen, mich dort mit ihm aussprechen und dann wieder hierher kommen.

Zugleich rückt der Abschied von Ukiah immer näher, und das macht mir Angst. Alles scheint durcheinander geraten zu sein. Wäre ich in Bielefeld, würde ich jetzt meine beste Freundin besuchen. Ich würde mit ihr quatschen, in der Kenntnis, die bestmögliche Therapie zu bekommen.

Als wir im heutigen Psychologie Unterricht dann auch noch über Wertschätzung und Abschied sprechen, ist es bei mir vorbei. Ich verlasse die Schule mit einem dicken Kloß im Hals und habe Kopfschmerzen.

Ohne nachzudenken laufe ich zum Haus von Roger und Debbie. Zum Glück sind keine Kunden da, als ich dort ankomme und mich sofort sicher und geborgen fühle. Beide nehmen sich die Zeit, mir zuzuhören und meine Tränen zu trocknen. Wir reden zwei Stunden über das Erwachsenwerden und Gefühlsverwirrungen. Als ich am späten Nachmittag beim Haus von Familie O ankomme, geht es mir schon etwas besser.

Da finde ich Heidi weinend in ihrem Zimmer auf dem Bett liegen.

„Ach, was ist denn mit Dir los?", frage ich sie und nehme sie in die Arme.

Schluchzend gesteht sie mir von ihrem ersten Liebeskummer. Wir reden miteinander und sie kann gar nicht aufhören zu weinen.

Dann fällt ihr ein, dass Roger für mich angerufen habe, kurz bevor ich gekommen sei.

Heidi beruhigt sich langsam und ich rufe ich Roger zurück. Sofort muss ich wieder weinen, als er berichtet, dass die traurige Nachricht von Walters Tod eingetroffen sei. Mit nur neunundfünfzig Jahren ist dieser nette, fröhliche Mann an Krebs gestorben. Die arme Hilde tut mir so unendlich leid.

Heute Nacht schläft Heidi bei mir, und das ist für uns beide gerade richtig. Wir liegen zu dritt in meinem Bett, denn Brittany hat sich auch noch zwischen uns gequetscht. Bevor wir endlich gegen Mitternacht einschlafen, haben Heidi und ich geredet und geredet.

Es ist schön, eine Schwester zu haben!

Wie Klassenfahrt nach England

Victoria, Kanada 20.-25. Mai 1988

Freitagnachmittag, direkt nach dem Unterricht, besteigen die High School Marching Band, begleitende Lehrer, unser Schuldirektor und ein paar ausländische Austauschschüler die drei Busse, die uns nach Kanada bringen sollen.

Finanziert wird diese Reise durch einen *Fund-Raiser* (eine Spendenaktion). Ein Kalender für das Jahr 1989 wurde kreiert und während der letzten zehn Wochen in Ukiah verkauft. Der komplette Erlös ging in dieses Projekt.

Es wurden auch weitere Spenden benötigt, aber am Ende hat es gereicht, dass alle mitfahren können, ohne dass die Eltern dies bezahlen mußten. So hat die Kleinstadt die Kosten gemeinsam geschultert und auch den Jugendlichen diese Fahrt ermöglicht, die aus sozial schwachen Haushalten kommen. Toll!

Die Busreise dauert zwanzig Stunden, die mir endlos erscheinen. Wir machen insgesamt nur zwei Pausen, fahren die ganze Nacht hindurch.

Es ist 5:30 Uhr, als ich die Augen wieder öffne, um einen phantastischen Sonnenaufgang zu erblicken. Der Himmel leuchtet orange und erhellt die Silhouette einer Großstadt: Wir haben Portland im Staat Oregon erreicht. Ich sehe einen breiten Fluß, den Columbia River, der von Brücken überspannt wird und in dessen Wasser Yachten vor Anker liegen.

Wolkenkratzer recken sich empor. Schade, dass wir nur vorbei fahren.

Als wir eine Frühstückspause bei Mc Donald's einlegen, befinden wir uns schon kurz vor Seattle im Staat Washington. Die ganze Landschaft hat sich total verändert: Rechts und links des Freeways blühen unzählige Ginsterbüsche in leuchtendem Gelb. Das Gras ist zum Anbeissen grün.

In der Ferne sieht man einen schneebedeckten Berg, das muss Mount Rainier sein. Wunderschön!

Mittags erreichen wir die Landesgrenze. Unsere amerikanischen Mitschüler dürfen im Bus bleiben; die Austauschschüler werden gebeten auszusteigen und die Reisedokumente zu zeigen. Der bürokratische Akt geht sehr flott und nach ein paar Minuten haben alle einen Stempel im Pass.

„Welcome to Canada!", rufen wir uns zu, bekräftigt durch *high five* abklatschen.

Nur vierzig Minuten später schippern wir mit einer Fähre übers Wasser, die uns endlich an unser Ziel bringen soll:

Victoria, British Columbia.

Froh, aus dem Bus heraus zu sein, strecken wir die Beine aus und schnuppern die frische Luft. Ich sitze mit Cristina an Deck, und wir nehmen die Eindrücke der Fahrt ganz intensiv in uns auf. Die Landschaft erinnert an Skandinavien:

Man sieht überall kleine Inseln, baumbewachsene Felsen und sogar die Häuser könnten aus Norwegen oder Schweden stammen. Cristina und ich kommen auf der Fähre mit zwei jungen Männern ins Gespräch. Der eine stammt aus Paris, der andere aus Los Angeles.

Beide leben nun in Vancouver und fragen, ob wir nicht mit ihnen kommen wollen.

„Wir könnten zusammen an den Strand gehen!"

Cristina und ich schauen uns an und schütteln die Köpfe.

„Hört mal Jungs, es ist nett mit Euch zu plaudern, aber wir gehen in Victoria von Bord."

Auf dem Weg in unser Hotel sagt Cristina augenzwinkernd:

„Dem Franzosen hätte ich noch stundenlang zuhören können. Er sprach ein so schönes Englisch mit diesem *Oh-La-La-Akzent*!"

Wir überlegen immer noch, welches Abenteuer wir gerade ausgeschlagen haben, während wir unser Zimmer im vierten Stock des *Coast Harbour Towers Hotels* beziehen. Wunschgemäss teilen Cristina, Kirstin und ich uns ein Zimmer.

Kirstin ist nicht nur als Austauschschülerin mitgereist, sondern sie spielt auch ein Instrument in der *Marching Band*. Sie hat einen strammen Zeitplan mit Proben und zwei Benefizkonzerten, von der großen Parade am Victoria Day mal ganz abgesehen. Cristina und ich fühlen uns derweil wie im Urlaub.

Da wir uns in den letzten vierundzwanzig Stunden nur von Sandwiches und Äpfeln ernährt haben, wird es Zeit für feste Nahrung. Kirstin, Cristina und ich verlassen das Hotel und verschaffen uns einen ersten Eindruck von Victoria.

Es scheint hier britischer zuzugehen, als in England. Die Gebäude, allen voran das Parlament mit Kuppeldach, Türmchen und Rundbogenfenstern, sehen aus wie im Vereinigten Königreich. An einer Strassenecke steht ein Musikant im

Schottenrock, der den Dudelsack spielt. Das hier ist nicht mehr der nordamerikanische Kontinent, oder?

„Na Mädels, findet Ihr nicht auch, dass sich das hier ein bisschen wie Klassenfahrt nach England anfühlt?", frage ich meine Begleiterinnen.

Beide nicken.

Wir streifen durch die Geschäfte, kaufen ein paar Souvenirs und Postkarten. Eine Trauerkarte entdecke ich ebenfalls in der Papierabteilung und werde sie an Hilde nach Ukiah schicken. Ich kann leider nicht zu Walters Beerdigung gehen, die in ein paar Tagen stattfindet, während ich noch hier in Victoria bin. Da möchte ich mein Beileid wenigstens per Post bekunden und verabschiede mich in Gedanken von Walter.

Als wir an Totempfählen vorbei kommen, spüren wir einen Hauch der kanadischen Ureinwohner. Dies sind Relikte der indianischen Bevölkerung, die schon hier lebte, als es weder die USA, noch Kanada gab. Jetzt mischen sich die Kulturen miteinander, was mir gut gefällt. Ich fühle mich wohl in Victoria.

Schließlich finden wir, wonach wir suchen: Einen geeigneten Platz, um die hungrigen Mägen zu füllen. Louie Louies' Diner & Café sieht verlockend aus. Wir werden hier nicht nur für wenig Geld pappsatt, sondern bekommen dabei zusätzlich bestes Entertainment mit Musik aus den 50er-Jahren, die aus einer Jukebox dröhnt. Die Kellnerinnen tragen *Cheerleader Outfits.* Wir fühlen uns in die Zeit des Rock'n Roll zurückversetzt.

Zurück im Hotel schwimmen wir eine paar Runden im Pool, bevor wir zu einer Party in einem der Jungs-Zimmer aufbrechen. Richtig Klassenfahrt also, wobei die Unterbringung im Hotel tausendmal besser ist, als in einer Jugendherberge.

Dann ist es so weit: Queen Victoria Day!

Ein Feiertag in Kanada, um den Geburtstag der Ururgroßmutter der amtierenden Queen Elisabeth II. zu ehren. Es ist ja nicht zu übersehen, dass Kanada aus britischen Kolonien hervorging. Als zweitgrößtes Land der Erde, ist Kanada heute zwar eine selbständige Nation, aber das Staatsoberhaupt ist immer noch die britische Königin.

Bei der großen Parade in der Stadt Victoria, die den Namen von eben dieser *Queen Victoria* trägt, sind heute hundertfünfzig Gruppen am Start. Eine davon kommt aus Ukiah, besteht aus neunzig musizierenden High School Kids in Gala-Uniform, eingerahmt von acht Flaggenträgerinnen.

Pünktlich um 9:00 Uhr setzt sich die vier Kilometer lange Parade in Bewegung. Als unsere Band an der kleinen Delegation aus Ukiah, bestehend aus mitgereisten Lehrern und ein paar Austauschschülern, vorbei kommt, gibt es kein Halten mehr. Wir jubeln und feuern sie an, bis wir heiser sind.

Die Band holt alles aus den Instrumenten heraus, was diese hergeben. In ihren Uniformen sehen unsere Musiker ganz professionell aus. Goldene Oberteile glänzen in der Sonne und die Bärenfellmützen auf den Köpfen passen so gut in dieses britische Ambiente, dass man meinen könnte, die Band wäre eigens aus England angereist. Unserem Schuldirektor steht der Stolz breit ins Gesicht geschrieben.

Als wir uns mittags wieder im Hotel treffen, sieht man den Band-Mitgliedern die Erleichterung an. Alles hat bestens geklappt. Wir schauen uns die Übertragung der Parade im Fernsehen an, denn dieses Spektakel wird als Aufzeichnung gezeigt.

Am Tag der Abreise fahren wir nicht direkt nach Ukiah, sondern besichtigen erst noch das British Columbia Museum, das Parlamentsgebäude und den botanischen Garten *the Butchart Gardens*.

Ziemlich müde besteigen wir am Abend die Busse, die uns wieder nach Ukiah bringen.

Meine erste Kanadareise werde ich in sehr guter Erinnerung behalten.

Hometown Parade

Ukiah, Montag 30. Mai, Memorial Day

Nachdem Marilyn und ich am letzten Samstag fünf Stunden in einer Garage ihres Arbeitgebers *PG&E* ein Fahrzeug für die Parade geschmückt haben, wissen wir am heutigen Feiertag, wofür dieser Aufwand betrieben wurde.

Die *Hometown Parade* bringt alle Bewohner Ukiahs an die Hauptstrasse, wo die Gruppen und Wägen der Vereine, Schulbands, Firmen und Sport-Teams an den Menschen vorbeiziehen. Achtzig Fahrzeuge setzen sich langsam in Bewegung. Für Live Musik sorgen die Schulbands und weitere Musikgruppen.

Debbie, Marilyn und Jan fahren als Farmerinnen verkleidet auf dem Wagen von Soroptimist mit, während Heidi in der Pomolita-Schulband die Trommelstöcke schwingt.

„Schon wieder ein Rosenmontagsumzug", denke ich mir.

Diesmal darf ich auch mitmachen. Zusammen mit anderen Kindern der PG&E Mitarbeiter, besteige ich im Cowboy Outfit den geschmückten Truck.

Heute sehe ich Ukiah aus einer erhöhten Perspektive, über dem Führerhaus sitzend. Und wir werfen tatsächlich Bonbons in die Zuschauermenge. „Ukiah Allaf!"

Es haut mich einfach um, wie viele Menschen ich am Strassenrand erkenne. Alle paar Meter sehe ich winkende Hände und höre jemand rufen: „Hi Susi!"

Freunde, Nachbarn, Rotarier, Mitglieder der Kirche oder Lehrer, alle sind hier. Inzwischen habe ich den Eindruck, mehr Menschen in Ukiah zu kennen als in Bielefeld, wo ich die meiste Zeit meines Lebens verbracht habe.

Ich freue mich und bin glücklich, dass ich so herzlich aufgenommen und voll integriert wurde. So entsteht die Idee, mich bei den Menschen in Ukiah zu bedanken.

Kaum wieder zuhause angekommen, schreibe ich einen Brief an die Zeitung. In der Rubrik „Leserbriefe" wird er am 18. Juli 1988 veröffentlicht:

„Mit diesem Brief möchte ich mich von Herzen bei der Gemeinde Ukiah dafür bedanken, dass mir ein wunderbares Jahr als Austauschschülerin ermöglicht wurde.

Es war eine Bereicherung für mich, die Ukiah High School zu besuchen und dort Kurse zu belegen, die an deutschen Schulen nicht existieren.

Eines der Highlights im vergangenen Jahr war die Teilnahme beim Musical „42 Street" und ich danke allen Lehrern und dem Ensemble für diese tolle Produktion, bei der ich dabei sein durfte.

Mein ganz besonderer Dank geht an meine Gastfamilien, die für mich ein Zuhause schufen und mich in ihr Familienleben einschlossen. Sie haben so viel für mich getan, dass ich diese ganze Zeitung damit füllen könnte, würde ich alles aufzählen.

Daher sage ich nun ein ganz großes Dankeschön für all die besonderen Momente, die wir zusammen erlebt haben und für die Geschenke, die Ihr mir mit auf meinen Weg gebt. Ich fühle mich sehr eng mit allen drei Familien verbunden und es ist schwer für mich, diese bald zu verlassen.

Auch bei der Grace Lutheran Kirchengemeinde möchte ich mich dafür bedanken, dass ich ganz selbstverständlich in die Jugendgruppe und die Bible Study Group aufgenommen wurde. Diese Gemeinde war wie eine weitere Gastfamilie für mich. Es ist schön, christliche Brüder und Schwestern zu treffen, wenn man fern der Heimat ist.

Dank auch an die Rotary Clubs von Ukiah und meiner Heimatstadt Bielefeld, die mein positives Austauschjahr überhaupt erst ermöglicht haben. Ich möchte die Clubs ermutigen, weiter das Jugendprogramm zu fördern und anderen Jugendlichen die Gelegenheit zu geben, Austauschschüler zu werden.

Danke Ukiah für die freundliche Integration. In dieser Stadt fühlte ich mich sicher und willkommen.

Ich werde nie vergessen, wieviel Gutes so viele Menschen hier für mich getan haben.

Ich hatte die Zeit meines Lebens.

I had the time of my Life!

Man kann es schaffen

Ukiah, Mittwoch, 8. Juni 1988

Das Rollo an meinem Fenster windet sich nach oben und ich erblicke wieder einen tiefblauen Himmel. Sonnenstrahlen treffen auf den Vorgarten.

In meinem Kopf taucht die Frage auf, ob mir diese Wetterlage irgendwann mal langweilig werden könnte. Die Antwort, die ich mir selbst gebe, lautet: „Nein!"

Ich empfinde es einfach als stimmungshebend, wenn es hell und sonnig ist. Ich habe an keinem einzigen Tag in Ukiah Heuschnupfen bekommen, welcher mich im deutschen Frühling schon manchmal an den Rande des Wahnsinns treibt. Dieses trockene Klima ist für mich nicht nur paradiesisch, sondern auch gesund.

Anstatt zur High School zu pilgern, führt mein erster Weg heute an die Pomolita Junior High School. Ich bin als Gastrednerin in Heidis Klasse eingeladen, um über Deutschland zu referieren. Die Kinder lauschen aufmerksam.

Nach diesem kleinen Abstecher fahre ich auf schnellstem Weg mit dem Fahrrad zur High School, wo ich zur dritten Stunde meines eigenen Unterrichts eintrudele.

In meiner Psychologie Klasse lerne ich heute eine Schülerin aus Ukiah kennen, die als Austauschschülerin für ein Jahr nach Frankreich ging. Sie ist vor wenigen Tagen zurückgekehrt und besucht jetzt ihre Freunde und Lehrer an der High School.

Was sie über ihre Erfahrungen der letzten zehn Monate berichtet, kommt mir sehr bekannt vor. Es ist, als würde ich in einen Spiegel schauen, ohne das Äusserliche zu sehen. Die Gefühle und Ängste sind die gleichen.

Da sie ja nun in der Situation ist, vor der ich am meisten Angst habe (die Rückkehr nach Hause) hänge ich besonders bei diesem Abschnitt ihrer Erzählung, förmlich an ihren Lippen:

„Es ist eigenartig die Freunde wiederzusehen, die man so vermisst hat. Wenn man sich dann erstmals wieder gegenüber steht, merkt man, dass es etwas Zeit braucht, bis man wieder auf einer Wellenlänge funkt. Mir hat es geholfen alles in einem Tagebuch aufzuschreiben."

Ich bin erstaunt, wie ähnlich wir uns sind und es baut mich auf, sie so zu sehen und hören. Diese Schülerin nimmt wieder Kontakt zu ihrer Heimatschule auf, trifft sich mit den alten Freunden und sitzt nicht heulend in ihrem Zimmer, um der schönen Zeit in Frankreich nachzutrauern. Man kann es also schaffen. Warum sollte mir das nicht auch gelingen?

Der Schuljahres-Count-Down hat begonnen. Jack treffe ich weiterhin in der High School und wir reden über die *Finals*, die letzten Tests und Prüfungen. In den Pausen sitzen wir gern zusammen auf dem Campus, nur über die Prom-Nacht sprechen wir nicht mehr. Bei Tageslicht betrachtet blenden wir unsere Gefühle füreinander aus, denn wir wissen beide, dass wir in wenigen Wochen Ukiah in unterschiedliche Richtungen verlassen werden. Ohne romantische Flirts kommt weniger emotionales Chaos auf. Wie gesagt: bei Licht und mit klarem Kopf. Eine andere Sache ist, dass er in meinem Herzen einen Platz eingenommen hat.

Wer sich auch immer mehr in mein Herz geschlichen hat, ist meine elfjährige Gastschwester Heidi. Das hätte ich vor ein paar Monaten nicht für möglich gehalten, aber wir mussten erst als Schwestern zusammen leben, um uns richtig kennen zu lernen. Das ist mir mitunter klar geworden.

Als ich in Victoria war, hat Heidi jede Nacht in meinem Bett geschlafen, so arg habe ich ihr gefehlt. Am Tag meiner Rückkehr fiel sie mir um den Hals, dass ich dachte, sie würde mich erwürgen.

„Kann ich heute Nacht auch wieder bei Dir schlafen?", fragte sie mich bei meiner Rückkehr aus Kanada, noch bevor ich die Reisetasche abstellte.

„Na klar!", lautete meine Antwort und ich freute mich ehrlich wieder zuhause zu sein.

Heute nachmittag erwarten Marilyn und Heidi mich „bewaffnet" zu Hause. Sie haben Wassergewehre gekauft und gehen damit sofort kreischend auf mich los. Zum Glück entdecke ich in den Einkaufstüten ein weiteres Schießgerät und zögere nicht. Mein Gewehr wird umgehend von seiner Verpackung befreit und mit Wasser gefüllt.

Im *Driveway* vor dem Haus leisten wir uns eine gnadenlose Schlacht, bis Rolla nach Hause kommt und unser nächstes Opfer wird. Der fackelt nicht lange und wehrt sich mit dem Gartenschlauch. Diese Schlacht geht eindeutig an Rolla. Nass und kichernd treten wir den Rückzug an.

Der letzte Schultag

Ukiah, Dienstag 14. Juni 1988

Im Fach *Basic Foods* schreiben wir unseren letzten Abschluss-
test über Proteine und Fette. Das war es dann. Bücher werden
aus den Schließfächern geräumt und in die Bibliothek zurück-
gebracht.

Wir bekommen unsere Jahrbücher ausgehändigt und ich
blättere fasziniert durch dieses wunderbare Werk voller Erinnerungen.

Auf der Vorderseite prangt das Motto der diesjährigen Aus-
gabe: *„A perfect 10"*. Die Ukiah High School gibt es auf
diesem Campus erst seit zehn Jahren. Gleichzeitig ist es ein
Wortspiel, das so etwas wie „volle Punktzahl" ausdrückt.

Das Maskottchen *„the Wildcat"* darf an dieser Stelle nicht
fehlen und ist in den Schulfarben lila und gold ebenfalls zu
sehen. Events, Clubs, die Marching-Band und Sportmannschaften findet man hier in Texten und Fotos wieder.

Alle Lehrer, sowie Schüler sind im Jahrbuch aufgeführt und
ich finde mein *Senior Picture* in der alphabetischen Abfolge der
Abschlussklasse.

Während der Mittagspause reichen wir unsere Jahrbücher
herum und kritzeln Adressen, Telefonnummern und gute Wün
sche in die Exemplare der Freunde.

Es herrscht Aufbruchsstimmung bei vierzig Grad im Schatten. Ich fühle mich ein bisschen erleichtert, weil der letzte
Schultag durch die vielen lieben Worte, die wir uns sagen und
schreiben, gar nicht so traurig wird, wie gedacht.

Es ist ja auch noch nicht endgültig vorbei, denn die Abschlusszeremonie mit Diplomübergabe steht noch bevor.

Nach der letzten Psychologie Stunde, in der ich mich mit einer dicken Umarmung von meinem Lieblingslehrer Mr. Phillips verabschiede, fahren Kirstin, Jack, Geoff und ich zu meinem Zuhause bei Familie O. Wir beschließen spontan eine Pool-Fete zu feiern. Unterwegs besorgen wir Unmengen an Cola und Pizza, dann geht es los. Wir rutschen oder springen ins Wasser, schubsen uns herum und drehen die Stereoanlage voll auf. Als Rolla und Marilyn nach Hause kommen, haben wir schon wieder alles aufgeräumt und verabschieden uns, als wäre nichts gewesen.

Pünktlich um 19:00 Uhr erscheint dann meine Freundin Wendy, um mich abzuholen. Das Austauschjahr ist noch nicht zu Ende; ich kann immer noch etwas Neues ausprobieren:

Heute Abend fahre ich erstmals in ein Autokino. Wendy lenkt den Truck zwischen die Reihen anderer, die ihre Plätze bereits eingenommen haben.

Wir rollen Schlafsäcke und Decken auf der Ladefläche des Pickups aus, öffnen die Eisbox, um kalte Getränke zu entnehmen und schauen auf die riesige Kinoleinwand. Über uns wird der Himmel dunkler und die ersten Sterne blitzen auf. Den Ton des Films empfangen wir über das Autoradio, welches Wendy in einer angenehmen Lautstärke einstellt.

Man hört das Lachen, das von den anderen Autos oder Trucks zu uns herüber weht. Die Grillen zirpen.

Diese Atmosphäre mag ich sehr und genieße den Abend mit meiner amerikanischen Freundin in vollen Zügen.

Graduation

Ukiah, Samstag, 18. Juni 1988

Dieser Tag bedeutet das offizielle Ende meines Austauschjahres. Ich bin aber nicht in Trauerstimmung, sondern freue
mich auf die große Abschluss-Zeremonie, die an diesem
Vormittag stattfindet.

Angehörige und Freunde werden mit gedruckten Einladungen zur Feier eingeladen. Alle sind aufgebrezelt, als würde der
Präsident höchstpersönlich seinen Besuch in Ukiah abstatten.

Ich trage einen lila Umhang aus Satin, mit der passenden
Kappe, an der die *Tassel*, eine Fransen-Quaste in den Schul-
farben lila und gold baumelt. An der Quaste wiederum ist ein
Anhänger befestigt, eine goldene 88.

Nie zuvor habe ich eine Feier besucht, die so minutiös und
bis ins kleinste Detail geplant war. Hier die Anweisungen, die
wir vorab schriftlich von der Schulleitung bekamen:

Seniors,
erscheint pünktlich um 8:00 Uhr mit Umhang und
Kappe vor der Turnhalle. Wenn Ihr aufgerufen
werdet, stellt Ihr Euch genau wie in der Probe auf.
Denkt daran, dass die Abschlusszeugnisse in dieser
Reihenfolge ausgehändigt werden.
Ausgewiesene Sprecher werden die Prozession ins
Stadion anführen. Beim Eingang ins Stadion erhält
jeder Schüler eine Karte mit seinem Namen,

Stuhlreihe und Sitznummer. Es liegt in Eurer Verantwortung, diese Karte der Person mit Mikrophon beim Betreten der Bühne zu geben, damit Euer Name beim Überreichen des Diploms korrekt vorgelesen wird.

Beim Einmarsch ins Stadion werden Euch Helfer zur Seite stehen, die für das richtige Tempo und den Abstand zwischen Euch sorgen. Der Einmarsch beginnt, wenn die Band „*Pomp and Circumstance*" spielt.

Ihr geht direkt zu euren Plätzen und bleibt dort stehen, während die Nationalhymne „*Star Spangled Banner*", die Begrüßungsworte und die Flaggenehrung „*Pledge of Allegiance*" gesungen bzw. gesprochen werden.

Wendy S. wird durch die Flaggenehrung führen. Sie wird das Publikum bitten, aufzustehen. Alle Männer nehmen bitte ihre Kappen vom Kopf. Chris R. wird die Begrüßungsworte sprechen und am Ende alle bitten, Platz zu nehmen.

Der Direktor wird die Zeremonie moderieren. Auszeichnungen werden überreicht. Es folgt eine musikalische Einlage.

Tabitha K. wird als Repräsentantin der Abschlussklasse '88 sprechen. Der Leiter der Bildungskommission wird als nächster eine Rede halten.

Wenn der Direktor den Seniors in der ersten Reihe zunickt, stehen diese auf und kommen zum Bühnenaufgang. Ihr werdet als eine Einheit auf die Bühne treten.

Nach dem Erhalt Eures Diploms, geht Ihr zu Euren Plätzen zurück und die nächste Reihe tritt zur Bühne vor.

Nachdem alle Ihre Zeugnisse erhalten haben, werden Chris B., Pat F., Jode L. und Rosie R. auf die Bühne kommen und Euch instruieren, gleichzeitig die Quaste von der rechten auf die linke Seite zu wechseln.

Bleibt stehen, bis Jennifer R. die Schlussworte gesprochen hat.

Wenn die Musik beginnt, könnt Ihr feiern!

WIR WÜNSCHEN EUCH ALLEN VIEL GLÜCK UND ERFOLG !!!

Dank der Probe letzte Woche und dieser genauen Anleitung, klappt dann auch alles wie am Schnürchen. Das Stadion ist voller Menschen, die heute gekommen sind, um einen oder mehrere der 374 Seniors an diesem wichtigen Tag zu begleiten.

Ich versinke in einem Meer aus lila Gewändern und Kappen. Im Laufe der Zeremonie wird es so heiß, dass mir unter dem Umhang der Schweiß am Rücken herunterläuft. Doch das ändert nichts an der Spannung. Wahrscheinlich hätte ich auch ohne die kalifornische Sonne unter meinem Umhang vor lauter Aufregung geschwitzt.

Irgendwann komme ich an die Reihe. Zusammen mit Kirstin und Cristina bewege ich mich zur Bühne. Ich bin wahnsinnig stolz, als mein Name über den Lautsprecher ertönt und der Direktor, mir mein Diplom überreicht.

Jetzt ist es amtlich: Ich habe einen amerikanischen Schulabschluss. Den kann mir keiner mehr nehmen.

Just in diesem Moment begreife ich, dass dieses Stück Papier
etwas ganz Besonderes ist. Es ist viel mehr als nur ein Schul-
zeugnis, sondern eine Eintrittskarte in eine Zukunft, die sich
gerade vor mir ausbreitet. Kirstin und Cristina scheint es
ebenso zu ergehen, denn beschwingt umarmen wir drei uns,
während wir noch auf der Bühne stehen. Dieser *Group-Hug*
steht nicht im Protokoll, sondern geschieht einfach spontan.
Selbstsicher treten wir ab, jede glückliches lächelnd.

Nach den Schlussworten wird die Zeremonie mit Luftballons beendet, die in den Farben lila und gold in den Himmel
aufsteigen. Aus den Lautsprechern ertönt das Lied „*I had the
time of my Life!*".

Tränen der Emotionen laufen mir über das Gesicht. Ich
habe etwas ganz Besonderes geschafft und bin wahnsinnig
traurig, dass meine Zeit an der Ukiah High School jetzt zu
Ende ist.

Das Publikum verlässt die Tribüne und kommt zu uns auf
den Rasen. Es ist Zeit zu gratulieren, zu feiern und gute
Wünsche auszusprechen. An meiner Seite finden sich meine
drei Gastfamilien ein. Nachdem jeder mich fest gedrückt hat,
überreicht mir Marilyn, im Namen aller drei Gastfamilien, ein
ganz besonderes Geschenk: einen *Graduation Ring*.

Ein solcher Absolventen-Ring ist in der Regel mit dem
Wappen der Schule versehen, um die Verbundenheit mit ihr
zu zeigen. So ist es auch bei diesem, der durch die Gravur
meines Namens, des Abschlussjahres und den Stein für

meinen Geburtsmonat Dezember, einen blauen Zirkon, zu etwas ganz Persönlichem wird.

Mir fehlen die Worte. Ich bin zu gerührt und bringe nur ein ganz leises „Thank you!" heraus.

Nachdem wir Fotos mit Freunden gemacht haben, fahren wir zum Haus von Familie O.

Hier endet nun der offizielle Teil meines Aufenthalts bei Rolla, Marilyn und Heidi. Meine Koffer stehen schon im Flur, fertig gepackt. Wie versprochen, nehmen Roger und Debbie mich wieder bei sich auf, um mir nach Ende der Schulzeit, Kost und Logis zu gewähren. Zum Glück liegen noch knapp zwei Monate in Amerika vor mir. Die Schule ist aus, aber mein kalifornisches Jahr ist noch nicht vorbei.

Zurück bei Roger und Debbie atme ich den Duft des Hauses ein, der mir inzwischen so vertraut ist. Dieser Umzug fühlt sich an, als käme ich nach Hause, einfach wunderbar. Ich beziehe mein Zimmer und packe schnell meine Sachen in den Wandschrank.

Nur die Klamotten, die ich für die Rotary Western Safari benötige, kommen direkt in die Reisetasche, die Roger mir hierfür gibt.

Frisch geduscht und umgezogen, fahren wir zum Haus von Jacks Familie. Dort sind wir zu einer *Graduation-Grill-Party* eingeladen. Ich bin glücklich, dass ich hier sowohl Gasteltern, als auch Freunde um mich habe, die diesen besondern Tag mit mir zusammen feiern.

Als es dunkel wird, verabschieden sich die Erwachsenen und die High School Kids fahren zum letzten Dance der Class of '88 zurück in die Schule.

Diesmal wurde die Aula in einen mexikanischen Strand verwandelt. Es gibt Spieltische auf der Bühne und wer Glück hat, kann etwas gewinnen.

An der Südseite des Raumes steht ein kleines Segelboot vor einem wandgroßen Poster mit Strandmotiv. Dekorationen aus Palmen und Sombreros runden das Bild ab. Ein DJ sorgt für die richtige Musik und wir tanzen lachend, denn jeder ist erleichtert, dass die Schule geschafft ist.

An der Getränkebar ruft Wendy mir zu: „Du klingst gar nicht mehr wie eine Deutsche. Deine Aussprache ist total kalifornisch geworden!"

Ein größeres Kompliment hätte sie mir nicht machen können.

So ganz nebenbei habe ich die Sprache verinnerlicht.

Western Safari

19. Juni - 3. Juli 1988

Roger und Debbie bringen mich nach Berkeley.

In der Hotellobby, dem Treffpunkt, stehen Donuts und Kaffee für uns bereit. Das muss als ein schnelles Frühstück genügen. Dann geht es auch schon los.

Dreiundvierzig Austauschschüler aus fünfzehn Nationen besteigen den Reisebus, der uns für zwei Wochen durch einen Teil des amerikanischen Westens transportieren wird. Zunächst einmal sehe ich in diesem Programm nur die Reiseziele mit den schimmernden Namen: Hollywood, Disneyland, San Diego, Phoenix, Grand Canyon, Las Vegas, Sequoia und Yosemite. Ich denke mir: „Das wird wie ein cooler Ausflug zu den besten Zielen der Welt", was ja vordergründig auch zutrifft.

Dass ich hierbei aber ganz viele Teile der Erde kennenlerne, nämlich durch die Gespräche und das Verhalten meiner Mitreisenden, stelle ich dann ebenfalls sehr bald fest. Alle Austauschschüler haben ihre Geschichten, Kulturen und Sprachen im Gepäck.

Nun bin ich meinen Eltern sehr dankbar, dass sie mich so erzogen haben, Menschen mit anderen Hautfarbsen, Religionen oder Nationen ohne Vorurteilen zu begegnen. So ein Verhalten wäre bei dem, was jetzt auf mich zu kommt, nämlich nicht nur äusserst dumm, sondern auch extrem hinderlich.

Begleitet wird unsere Austauschschüler-Truppe von der Reiseleiterin Margie (einer drahtigen jungen Frau, die am Lake Tahoe lebt), sowie einem italienischen Rotarier mit dem wohlklingenden Namen Amadeus (der auf mich wie ein großer Teddybär wirkt). Chauffiert werden wir von Busfahrer Marcel, der aus Frankreich stammt. Für das leibliche Wohl sorgt die Australierin Karen. Wir sind komplett international zusammengewürfelt.

Die Tour ist so geplant, dass wir abends immer Campingplätze erreichen, wo wir unsere Zelte und die große transportable Campingküche aufbauen. Der Bus ist voll gepackt mit Menschen, Ausrüstung und Reisetaschen.

Kurz nach der Abfahrt bekommen wir von Amadeus einen kleinen Vortrag über Zeltaufbau, Küchendienst und die Regeln während der Safari: Kein Alkohol, keine Drogen, kein Ladendiebstahl, keine Jungs in Mädchen-Zelten, keine Mädchen in Jungen-Zelten. So weit ist alles klar.

Im Bus wechseln wir immer wieder die Plätze, um uns möglichst schnell kennenzulernen. Die meisten Austauschschüler kommen aus Europa, Brasilien und Südafrika. Aber wir haben auch zwei Japanerinnen, einen Peruaner, einen Argentinier, einen Australier und ein Mädchen aus Neuseeland an Bord.

In meinen Ohren erklingt ein Durcheinander aus Englisch, Französisch, Spanisch, Holländisch, Deutsch oder Portugiesisch, denn jeder findet es nach so langer Zeit spannend, wieder in seiner Muttersprache zu kommunizieren. Das halten wir aber nicht lange durch und wechseln nach ein paar Sätzen wieder ins Englische zurück, was uns viel leichter fällt.

Ich verstehe mich auf Anhieb mit Lina, einem Mädchen aus Schweden und so beschließen wir, dass wir beide für die nächsten zwei Wochen „Zeltgenossinnen" werden.

Es gibt ausschließlich Zwei-Personen Zelte. Wie wir diese belegen, bleibt uns Schülern überlassen, solange wir nur darauf achten, dass wir gleichgeschlechtliche Wohngemeinschaften gründen.

Am frühen Abend erreichen wir den ersten Campingplatz unserer Strecke, südlich von Monterey. Dort wird uns gezeigt, wie wir die Zelte und die Küche aufbauen.

Was uns am Anfang schwierig erscheint, geht nach wenigen Tagen bereits sehr routiniert und locker von der Hand.

Wenig später liegen dann die Steaks auf dem Grill und in überdimensional großen Töpfen kochen Kartoffeln und Maiskolben.

Obwohl wir alle sehr früh an diesem Tag aufgebrochen sind, dauert es noch lange, bis die Gespräche in den Zelten verstummen. Zu viele Fragen werden gestellt, denn es gibt natürlich eine Menge, was uns Austauschschüler verbindet. Jeder hat seine ganz eigenen Erfahrungen in den Gastfamilien und den amerikanischen Schulen gemacht. Andere Erlebnisse hingegen gleichen sich wie ein Ei dem anderen.

Zentrale Themen sind, wie es sich anfühlt so weit weg von zuhause zu sein, in einer anderen Kultur zu leben und mit den Gepflogenheiten des Gastlandes zurecht zu kommen.

Unsere bunt zusammen gewürfelte Teenager-Schar bewegt sich weiter Richtung Süden in wärmere Gefilde. Im Gegensatz zu Nordkalifornien gibt es nun deutlich mehr Palmen zu sehen, die sich majestätisch im Wind wiegen. Die Landschaft ist hügelig und trocken. Wir behalten Tuchfühlung zum Pazifik, der immer wieder in Sichtweite auftaucht. Ein wunderbarer Anblick, dieses satte Blau.

In den ersten Tagen der Safari dürfen wir die touristischen Highlights Hollywood, die Universal Studios, Disneyland und Sea World erleben. Dabei ist unsere Gruppe bereits zu einer festen Gemeinschaft zusammen gewachsen.

Die Campingplätze, die wir aufsuchen sind bestens ausgestattet. In den meisten Fällen gibt es Duschen, einen Pool, einen Whirlpool, eine Waschmaschine und einen Trockner, so dass Körper und Kleidung gewaschen werden können.

Da es auch nachts warm ist, ersparen sich einige Mitglieder unserer Reisegruppe den Aufbau des Zeltes und legen sich einfach mit Schlafsäcken auf den Rasen. So umgehen wir auch ganz nebenbei das Verbot, dass Jungs nicht in die Mädchenzelte dürfen. Es wird kreuz und quer gesprochen, fehlt nur noch ein Lagerfeuer in der Mitte unseres Gesprächskreises. Meistens machen wir vor 3:00 Uhr morgens kein Auge zu. Schlafen können wir ja immer noch im Bus, wenn die Fahrt dann weitergeht.

Als wir auf dem Campingplatz von San Diego wieder unter freiem Himmel liegen, kommt gegen 2:00 Uhr morgens ein Sicherheitsangestellter bei seiner Runde auf uns zu. Unsere

Gespräche verstummen sofort und wir rechnen nun mit einem „Anpfiff" bezüglich unserer nächtlichen Ruhestörung.

Er sagt uns aber ganz nett und höflich, dass in Kürze die Rasensprenger ihren „Dienst" beginnen würden. Wir, die wir wach sind, verlegen unsere Schlafsäcke in den trockenen Sand und zücken schon mal die Kameras.

Ein paar Minuten später beginnt dann tatsächlich der künstliche Regen und wir sehen zwei Schweden, eine Neuseeländerin und eine Französin fluchend und kreischend aus ihren Schlafsäcken springen, um im Blitzlichtgewitter unserer Kameras ins Trockene zu flüchten. Selbstverständlich werden sie dabei von unseren Kommentaren und unserem Gelächter begleitet. Wer den Schaden hat, braucht für den Spott bekanntlich nicht zu sorgen.

Ein Junge aus Südafrika schläft so fest, dass weder der Rasensprenger noch wir ihn wach bekommen. Sein völlig durchnässter Schlafsack muss am folgenden Tag im Bus auf dem Gang ausgelegt werden, um unterwegs wieder zu trocknen.

Unser nächstes Camp errichten wir bei Phoenix, in der Wüste von Arizona. Hier ist der heißeste Ort unserer Reise und wir bauen schwitzend die *Outdoor-Kitchen* auf, während unsere Kochfee Karen schon dabei ist, Lebensmittel einzukaufen.

Einige Mädchen erkunden derweil die Poolanlagen und die nähere Umgebung, als ein ziemlich aufgeregter Mann zu uns herüber gelaufen kommt und fragt, ob wir die Gruppe ausländischer Austauschschüler seien.

„Ja, wir sind die Rotary Austauschschüler", ertönt unsere Antwort.

„Dann ruft mal ganz schnell Eure erwachsene Begleitung herbei. Zwei Mädchen Eurer Gruppe wurden soeben am Eingang des Campingplatzes von einem Auto angefahren.

Ich habe vom Büro aus bereits Krankenwagen und Polizei verständigt."

Der Schreck fährt uns voll in die Glieder. Zusammen mit Amadeus und unserer Reiseleiterin Margie rennen wir zum Ort des Geschehens. Als wir ankommen, werden unsere beiden Finninnen gerade von Sanitätern auf Tragen gelegt.

Die Polizei macht einen Bericht, während der Krankenwagen mit den Verletzten und Amadeus zum nächsten Krankenhaus fährt. Stundenlange ärztliche Untersuchungen folgen für die zwei Verunglückten.

Wir sind wahnsinnig froh, als sie am Abend wieder bei unserer Gruppe eintreffen. Tina hat ein paar Schürfwunden, sonst ist sie Gott sei Dank unversehrt.

Pieta hat es schlimmer erwischt, denn sie hat sich das Becken angebrochen und einen Schock erlitten. Sie sieht sehr mitgenommen aus, als sie benebelt von Schmerzmitteln und an Krücken humpelnd ins Zeltlager kommt. Unsere Freude darüber, dass beide wieder da sind, ist um so größer, als wir realisieren, dass der Unfall ein viel schlimmeres Ende hätte nehmen können.

Aber die Wüste bietet noch mehr Abenteuer und ein Unglück kommt bekanntlich selten allein: Eine unserer Japanerinnen wird auf dem Weg vom Waschraum zu ihrem Zelt in der Dunkelheit von einem Skorpion gestochen. Die Ärmste glaubt, dass ihr letztes Stündlein geschlagen habe.

Glücklicherweise handelt es sich bei dem nächtlichen Angreifer aber um einen Skorpion mit wenig Gift, so dass die Patientin nur Beschwerden wie nach einem Bienenstich hat.

Margie gibt uns den Tipp, erst die Schlafsäcke auszuschütteln, bevor wir uns hineinlegen. Andere Wüstentiere könnten bereits darin sein, vorneweg Spinnen oder Klapperschlangen. Jetzt bekommen wir Angst.

Die Zelte stehen in einem undurchdringlichen Dunkel der Nacht. Die Grillen machen einen Höllenlärm, der nicht enden will. Bei jedem Rascheln denken wir an giftige Tiere und unsere Nackenhaare stellen sich auf.

Drei unserer Jungs legen sich mit ihren Schlafsäcken einfach auf die Tische der Campingküche und schlafen dort. Bloß weg vom Wüstenboden mit dem Getier.

Lina und ich kriechen in unser Zelt, vergewissern uns, dass in unseren Turnschuhen und Schlafsäcken keine tierischen Besucher stecken und schrecken bei jedem Geräusch aus dem Schlaf hoch. Was kriecht denn jetzt da draußen um unsere Behausung? Nur die dünne Zeltwand trennt uns von giftigen Wüstenbewohnern. Diese Nacht ist ein Alptraum.

Entschädigt werden wir am nächsten Tag, als wir vom Montezuma Castle, einem fünfstöckigen Lehmgebäude, das die Ureinwohner im 12. Jahrhundert in den Felsen bauten, weiter durch Arizona fahren.

Unterwegs halten wir im Oak Creek Canyon, wo am Sedona Side Rock eine natürliche Wasserrutsche zum Baden einlädt. Mit lautem Gejohle rutschen wir die glatten Felsen in eiskaltem Wasser hinunter und vertreiben die bösen Geister der letzten Nacht in diesem Naturfreibad. Die roten Steine an den Wasserfällen sind von der Sonne erwärmt und wir toben mehrere Stunden auf ihnen herum.

Schließlich erreichen wir den Grand Canyon und damit einen weiteren Höhepunkt entlang der Strecke. Amadeus fragt in die Runde, wer es wagen möchte, bis zum Grund des Canyons hinab und wenig später wieder hinaufzusteigen. Es melden sich zehn Abenteuerlustige und ich bin eine davon.

Da es hier so heiß wird und wir den ganzen Tag wandern werden, beginnt der Abstieg am nächsten Tag um 5:30 Uhr. Im ersten fahlen Dämmerlicht erscheinen die Felsen und die Vegetation in einem grünlichen Schimmer, was der Landschaft etwas Märchenhaftes verleiht.

Wir haben unter den Shorts und T-Shirts unsere Badesachen an. In den Rucksäcken tragen wir nur Snacks und je drei Wasserflaschen. In der Tat ist das Wasser heute das Wichtigste und will gut eingeteilt sein.

Bei aufgehender Sonne erstreckt sich der Grand Canyon vor uns in solch einer bombastischen Farbenpracht und Größe, dass man ihn mit den Augen einfach nicht erfassen kann. So etwas Großes habe ich mir bisher nicht vorstellen können.

Unterwegs begegnen wir Echsen, Eichhörnchen, ja sogar einem Hirsch. Es scheint, als wären die Tiere ganz zahm, was vielleicht daran liegt, dass sie sich an die Menschen gewöhnt haben, die hier täglich vorbei spazieren.

Oder es liegt an der Ruhe dieses Morgens. Zum Sprechen haben wir definitiv keine Puste mehr und steigen schweigend immer tiefer in die Schlucht hinab.

Als wir den Colorado River erreichen, der diesen Canyon im Laufe von Millionen Jahren in die Felsen fräste, gibt es für uns nur noch einen Gedanken: Rein ins Wasser!

Die Stelle, die wir erreichen, ist flach und hat einen Sandstrand ohne starke Strömung. Perfekt, um sich von dem schweißtreibenden Abstieg zu erfrischen.

Die Pause währt aber nicht allzu lang, denn wir müssen ja auch den Aufstieg bewältigen, der um einiges länger dauern wird.

Die Sonne brennt erbarmungslos auf uns hernieder und zwei von drei Wasserflaschen sind bereits leer. Ich wußte bisher noch nicht, wieviel Schweiß mein Körper an einem einzigen Tag produzieren kann. Jedenfalls kommt jeder Schluck Wasser, der durch die Kehle fließt, sofort in Form von Schweißperlen wieder aus mir heraus.

Nach fünfstündigem Aufstieg erreichen wir den Rand des Canyons und somit den Ausgangspunkt unserer Wanderung. Neun Stunden waren wir unterwegs.

„*I hiked the Grand Canyon*", denke ich stolz beim Duschen, bevor ich mich im Zelt zu einem langen, tiefen Schlaf ablege.

Am nächsten Morgen schüttet es wie aus Eimern.

Wir müssen die Zelte nass in den Bus verfrachten, wo es jetzt schon ganz muffig riecht. Der Grand Canyon gibt mir als Andenken einen fiesen Muskelkater mit auf den Weg.

Weiter geht es in Richtung Las Vegas. In der Hitze der Wüste dösen wir müde im Bus vor uns hin, während die Klamotten trocknen und üble Gerüche verbreiten. Wir erreichen die Hauptstadt des Glücksspiels bei fünfundvierzig Grad.

Das Wetter ist uns aber völlig egal, denn wir wollen die Stadt erkunden und ziehen in kleinen Grüppchen los. Inzwischen haben wir uns daran gewöhnt, nachts zu quatschen und tagsüber im Bus zu schlafen. So ist es nicht verwunderlich, dass wir die Hotelzimmer, die für uns in Las Vegas reserviert sind, nur ganz kurz nutzen.

Jetzt könnten wir endlich mal wieder in einem weichen Bett schlafen, denn Camping ist in Las Vegas nicht möglich, stattdessen verwöhnen wir uns aber nur kurz im Hotelpool und verbringen die meisten Stunden in den Kasinos der Stadt.

Wenn man erst einmal in einem Spielkasino drin ist, kommt man so schnell nicht wieder heraus. Das liegt zum einen daran, dass sie so verwirrend angelegt sind und man den Ausgang kaum wieder findet.

Zum anderen herrscht Tag und Nacht die gleiche Temperatur, Beleuchtung und Musik, so dass man überhaupt kein Zeitgefühl mehr hat. Dieser Trick funktioniert bei uns natürlich genauso, wie bei den anderen Besuchern und nur der Hunger erinnert uns daran, dass jetzt wohl Essenszeit sein könnte.

Unsere Batterien tanken wir beim „All-you-can-eat-Buffet" für sagenhafte 4,12 Dollar (inklusive Steuern) wieder auf. Verhungern muss man hier nicht. Das Geld wird einem dafür an den Spieltischen aus der Tasche gezogen. Wir verspielen ein paar Münzen, aber keiner gewinnt den Jackpot.

Busfahrer Marcel gondelt uns sicher durch die Wüste zurück in den Norden Kaliforniens.

Wir nähern uns langsam dem Start- und Zielort unserer Safari. Dabei erleben wir die Naturwunder der Nationalparks Sequoia, Kings Canyon und Yosemite.

Am vorletzten Abend erreichen wir die kleine Stadt Mariposa, vor den Toren des Yosemite Parks. Hier gibt es eine kleine „Alt"-Stadt, die wie aus einem Western anmutet.

Pizza steht auf dem heutigen Dinner-Speiseplan, was uns alle freut, denn so muss keiner Küchendienst schieben.

Die Dynamik unserer Gruppe, unsere Lautstärke und die ausgelassene Stimmung erschlägt die trostlose Pizzeria. Die Atmosphäre wird noch verstärkt, als wir vor dem Gebäude anfangen, auf der Strasse zu tanzen. Wir singen dazu unseren selbst gedichteten „*Exchange-Student-Song*". Die Einheimischen betrachten uns misstrauisch, als wären wir gerade von einem anderen Planeten gekommen.

An einer Strassenecke hängen ein paar Jugendliche herum, die offensichtlich extrem unter Langeweile leiden und die hiesige *Gang* darstellen. Unser Treiben macht sie aggressiv und vermutlich sind wir unwissentlich in ihr Revier eingedrungen.

Sie umzingeln uns. Es wird ungemütlich, als die Bande den Kreis um uns immer enger zieht. Die Lage eskaliert, die jungen Männer pöbeln uns feindselig an und werden dabei immer lauter.

Der Pizzeria-Besitzer hat genug gesehen und ruft geistesgegenwärtig die Polizei. Als die ersten Typen beginnen, handgreiflich zu werden und einige unserer Jungs schlagen, tauchen drei Autos des *Sheriff Departments* gerade rechtzeitig auf und lösen den Konflikt im Handumdrehen. Ausweise der Angreifer werden kontrolliert und einer von ihnen wird in Handschellen abgeführt.

Wir sind erschrocken darüber, dass es Menschen gibt, die aus purer Langeweile gut gelaunte Reisende angreifen.

Wie schnell eine derartig aggressive Spannung aufgebaut werden konnte, hat uns zudem überrascht. Wir kamen in friedlicher Absicht. Als unser Busfahrer uns wieder einsammelt und zum Campingplatz fährt, sind wir froh, diesen Ort zu verlassen, der uns erst so viel Spaß gemacht hat und dann bedrohlich wurde.

Während der Western Safari habe ich drei Kilo abgenommen, meine Klamotten stinken und stehen vor Dreck.

Ich bin total übernächtigt und Rogers Schlafsack hat Flecken von Entenkacke, denn letzte Nacht lagen wir noch einmal unter freiem Himmel am Ufer eines Teichs.

„Sorry, Roger! Ich hoffe die Flecken lassen sich wieder auswaschen", wird wohl das erste sein, was ich ihm sage, wenn wir uns wiedersehen.

In diesem jämmerlichen Zustand erreiche ich Berkeley, den Start- und Endpunkt unserer Reise. Im Hotel sind Zimmer für uns reserviert, so dass wir duschen und uns umziehen können. Nach und nach tauchen die ersten Gasteltern auf, um beim großen Abschieds-*Dinner* dabei zu sein und ihre Schützlinge wieder mitzunehmen.

Roger und Debbie kommen mit dem Boot, denn das Marina-Hotel steht praktischerweise direkt am Yachthafen von Berkeley.

Ich freue mich, die beiden wiederzusehen und sie fangen mich auf, als der Abschied von den neuen Freunden an den Nerzen zerrt. Die „Kolleginnen" und „Kollegen" aus aller Herren Länder sind mir ans Herz gewachsen und wir tauschen eifrig Adressen aus, versprechen uns zu schreiben. Es ist großartig zu wissen, dass man nun Freunde in vielen verschiedenen Ländern rund um den Globus hat.

Trotzdem ist uns klar, dass wir die meisten nicht wiedersehen werden und so kullern immer wieder Tränen, wenn einer unsere Gruppe verlässt.

Zurück im sicheren Hafen, bei Roger und Debbie auf der *Mutual Fun*, schlafe ich so fest, dass ich nicht mal die Überfahrt nach San Rafael erlebe. Ich habe so viel gesehen, gehört und erlebt, dass jetzt eine Pause dringend nötig ist.

Abschied

Ukiah, Donnerstag 14. Juli 1988

Bereits nach wenigen Tagen in Ukiah, habe ich Schlaf nach-
geholt und mich bestens erholt. Debbies gesundes Essen hat
mich wieder aufgepäppelt und bei Familie O konnte ich mich
im Pool treiben lassen, um die vielen Eindrücke der Western
Safari zu verarbeiten.

Mit Rogers Fahrrad kann ich alle Ziele in Ukiah bequem
erreichen und so fahre ich durch den Ort, um mich zu verabschieden. Rick und Jan treffe ich in ihrem Büro an. Sie
versprechen mir, Briefe zu schreiben und so in Kontakt zu
bleiben. Ich habe die beiden genauso lieb gewonnen, wie
meine Gastfamilien und hoffe, dass wir uns irgendwann
wiedersehen werden.

Da sowohl Kirstin, als auch Cristina in diesen Tagen Ukiah
verlassen, um die Heimreise anzutreten, muss ich mich auch
von meinen besten Freundinnen dieses Austauschjahres verabschieden. Ich vermisse sie jetzt schon.

Das heutige Programm des Rotary Clubs ist meine
Abschlussrede und so nehme ich ausgewählte Dias und
Notizen mit, um das letzte Jahr zusammenzufassen. Aber wo
fängt man an, wenn man so viel erlebt hat?
Es ist es schwer, sich nur auf die Highlights zu konzentrie-
ren, um im Zeitlimit zu bleiben.

„Über dieses Jahr könnte ich ein ganzes Buch schreiben",
sind die ersten Worte meiner Rede.

Ich spreche über die Unterschiede, die mir zunächst aufgefallen waren, als ich zu Beginn des Austauschjahres das Leben
in Kalifornien mit dem in Deutschland verglichen habe. Dann
komme ich zu den großartigen Reisen, dem Band Trip nach
Kanada, die Western Safari und meine Teilnahme beim Musical 42nd Street.

Von tiefer Dankbarkeit durchflutet stehe ich hier vor diesen
Menschen, die mit ihrem Engagement so etwas wie Schüleraustausch ermöglichen. Ich finde es großartig, was sie
gemeinsam schaffen.

Es gibt ja auch noch die anderen Rotary-Projekte, die den
Menschen in der Region oder in anderen Ländern zugute
kommen. Da zeigt sich sehr deutlich, wie viel bewegt werden
kann, wenn mehrere zusammen an einem Strang ziehen und
diese Erkenntnis läßt mich ein Rotary Fan werden.

„Wenn wir jetzt noch mehr Zeit hätten, würde ich mich
gern bei jedem einzelnen von Euch mit einer dicken Umarmung bedanken" sind meine letzten Worte an die Rotarier.

„Nimm Dir die Zeit. Wir sind für Dich da!" rufen mir vereinzelte Stimmen zu.

Gelächter erfüllt den Raum und ich muss mit lachen.

Einige der Herren, die mir gute Freunde geworden sind,
kommen am Ende des Meetings tatsächlich zu mir, um mich
zu drücken. Ich fühle wie die Abschiedstränen in mir aufsteigen.

Delta Cruise

Pittsburg-Stockton, 15.-24. Juli 1988

Es heißt mal wieder packen. Der Urlaub mit Roger und Debbie beginnt heute.

Nachdem alles im Versicherungsbüro meiner Gasteltern abgearbeitet ist, hängen wir das Schild „*Closed*" an die Haustür. Kunden müssen ab sofort draussen bleiben.

Das Skiboot befestigen wir per Anhängerkupplung am Jeep und fahren nach San Rafael, um die *Mutual Fun* für die Reise startklar zu machen. Schlafsäcke und Lebensmittel werden verstaut, das Skiboot zu Wasser gelassen und am Heck der Yacht angedockt.

Um Mitternacht ist alles fertig, um am nächsten Morgen zur Delta Cruise aufzubrechen.

Im Delta fließt das Süßwasser des Sacramento und des San Joaquin Rivers, welches dann in der Bucht vor San Francisco auf Salzwasser trifft. Zahllose Inseln, natürliche Wasserwege und Kanäle haben hier ein Paradies für Wassersportler entstehen lassen, in das wir nun hinein tuckern.

Man könnte mit dem Boot bis in die kalifornische Hauptstadt Sacramento fahren. Unterwegs würde man eine Vielzahl an Yachthäfen passieren, die man zum tanken, einkaufen, Wäsche waschen, oder für andere Bedürfnisse ansteuern könnte. Einige haben so einladende Namen wie „*Cruiser Heaven*", „*Happy Harbor*", „*Rainbow Resort*" oder „*Paradise Point*".

Über tausend Kilometer befahrbare Wasserstrassen stehen einem Skipper im Delta zur Verfügung.

Zu Zeiten des Goldrausches waren diese wie Autobahnen zwischen den Städten San Francisco und Sacramento, die von Raddampfern angefahren wurden. Diese Ära endete in den 1930er Jahren, als das Strassennetz mitsamt Brücken immer besser ausgebaut und das Automobil zum meist genutzten Transportmittel wurde.

Das Labyrinth des Deltas nimmt uns auf und ohne Landkarte hätten wir bis zum jüngsten Tag bestimmt nicht mehr herausgefunden. Es gibt unglaublich viele Abzweigungen vom Hauptfluss, mit weiteren Verästelungen und Nebenkanälen, alle umsäumt von Schilfbewuchs. Die Wasseroberfläche ist völlig ruhig und nur die vorbeifahrenden Boote erzeugen ein paar Wellen, die sachte dahin plätschern.

So stelle ich mir Südstaaten Romantik am Mississippi vor. Für uns zählt aber vor allem eins: Perfekte Bedingungen für Wasserski!

In den letzten Wochen meiner Zeit in Ukiah haben Roger und Debbie, bei jeder sich bietenden Gelegenheit, das Wasserski fahren mit mir geübt. Inzwischen bin ich von Roger zum *„Hot-Dog-Skier"* gekürt worden. Ich schaffe es jetzt, auf einem Ski zu fahren und ein paar Kunststücke auf einem Bein zu machen, ohne zu stürzen.

Hier im ruhigen Wasser des Deltas versuche ich, meine Technik auf dem *Boogie Board* zu verfeinern. Das *Boogie Board* ist ein kurzes Surfbrett, auf dem man kniet, während das Boot einen über das Wasser zieht. Um nicht hinunter zu rutschen,

schnallt man sich einen Gurt über die Oberschenkel und kann
Drehungen oder Sprünge machen, ohne den Kontakt zum
Brett zu verlieren.

An manchen Tagen fahren wir schon die ersten Runden mit
dem Skiboot vor dem Frühstück.

Es ist Tag und Nacht so heiß, dass wir mindestens einmal
pro Stunde ins Wasser springen, um uns abzukühlen. Mit „der
großen Badewanne vor der Haustür" kann man die Hitze
dann sehr gut ertragen.

Wir leben praktisch in Badehosen und Bikinis. Ein T-Shirt
wird nur dann übergestreift, wenn die Haut vor zu viel Sonne
geschützt werden soll.

Auf unserer Reise durch das Delta werden wir von anderen
Mitgliedern des San Rafael Yachtclubs begleitet. Unsere
Flotte, bestehend aus fünfzehn Motoryachten und sechs Segel-
booten, liegt entweder gemeinsam vertäut in einem Nebenfluss
vor Anker oder wir verbringen die Nächte in einem der vielen
Yachthäfen.

Tagsüber machen wir „nur" Sport: Schwimmen, joggen
oder Wasserski. Abends trifft man sich zum Grillen und Erzählen. Eine schöne und erholsame Stimmung, aber mir fehlen ab
und zu ein paar Freunde in meiner Altersgruppe.

Am letzten Abend im Delta ist es mir in der Kabine der
Mutual Fun einfach zu warm und so lege ich mich ins Skiboot,
um unter freiem Himmel zu schlafen.

Da ist es deutlich luftiger und ich muss mich nicht weiter
schwitzend von einer Seite auf die andere wälzen. Ich blicke

hinauf zu den Sternen und kann mir beim besten Willen nicht vorstellen, in drei Wochen wieder nach Deutschland zu fliegen.

In dieser Nacht träume ich von meinem Zuhause in Bielefeld. Es wird alles gut werden, ist das Gefühl mit dem ich wieder aufwache und einen phantastischen Sonnenaufgang erblicke.

Alles ist noch ganz ruhig. Die Crews auf den Booten schlafen noch. Ich beobachte das Farbenspiel der aufgehenden Sonne über dem spiegelglatten Wasser, durch dessen Oberfläche ein vorwitziger Fisch springt. Nur die Kreise auf der Wasseroberfläche läßt er als Beweis seiner Existenz zurück.

Sommerferien am Lake Tahoe

Kings Beach, 30. Juli-6. August 1988

Mit Sack und Pack bin ich im Anschluß an die Delta Cruise ins Haus von Familie O zurückgekehrt, um gleich wieder eine Reisetasche zu packen.

Während ich Bikini, Shorts und T-Shirts zusammenfalte, klingelt das Telefon.

„Susi, es ist für Dich" ruft Marilyn aus der Küche.

Ich nehme den Hörer ans Ohr und lausche gespannt der Stimme, die in feinstem Hochdeutsch kristallklar zu mir spricht:

„Hi Susi, hier ist Katherine. Ich bin wieder zurück in Kalifornien. Und ich habe keine Angst mehr vor Menschen."

„Wow, Katherine, das klingt toll. Und Dein Deutsch ist sagenhaft. Können wir uns noch einmal sehen, bevor ich am 15. August zurück nach Deutschland fliege?"

„Ja, ich komme einfach zum Flughafen nach San Francisco. Der ist nicht weit von meinem Elternhaus entfernt. Wir sehen uns dann dort!"

Auf dieses Treffen bin ich jetzt schon sehr gespannt. Die Gastschwester, die in Bielefeld wohnte, während ich die Schulbank in Ukiah drückte, war neben meinen Eltern die letzte Person, die ich beim Abflug in Frankfurt sah. Beim Abschied aus San Francisco wird sie wieder winkend am Flughafen stehen und so schließt sich dieser Kreis.

Jetzt geht es aber erst einmal an den Lake Tahoe, den ich bisher nur als Wintersportparadies kenne.

Ich muss sagen: Im Sommer gefällt er mir noch besser!

Rund um das Ferienhaus von Familie O verbreiten die Pinien einen wunderbaren Duft. Der Ort *Kings Beach* macht nun seinem Namen alle Ehre. Es ist richtig Leben am Strand mit Bootsverleih, Parasailing, Sonnenanbetern und Kindern, die im Sand spielen. Wir vertreiben uns die Zeit mit Minigolf, Schnorcheln im glasklaren Wasser und einer Schlauchbootfahrt auf dem Truckee River, der an einigen Stellen wild aufbraust. Die Luft ist angenehm warm, aber nicht so brütend heiß wie in Ukiah oder im Delta. Es ist fabelhaft!

Marilyn schlägt vor, am nächsten Tag beim „Heuwagen-Frühstück" auf der *Ponderosa Ranch* mitzumachen.

Das ist mein Stichwort, denn die Fernsehserie „*Bonanza*" habe ich als Kind rauf und runter gesehen. *Little Joe, Adam, Hoss* und *Ben Cartwright* sind wie alte Bekannte für mich und ich bin von Marilyns Idee begeistert.

Etwas oberhalb des Lake Tahoe, in Incline Village, befindet sich die *Ponderosa Ranch*, die eigens für die Dreharbeiten dort aufgebaut wurde. *Bonanza* ist eine TV-Western Erfolgsstory. Die Geschichte rund um die Familie Cartwright wurde in achtzig Ländern und in zwölf Sprachen ausgestrahlt.

Für den Schauspieler Michael Landon, der später die Hauptrolle in der Serie *Unsere kleine Farm* übernahm und sich auch als Regisseur einen Namen machte, gelang auf der *Ponderosa Ranch* der Durchbruch mit seiner Rolle als *Little Joe*.

An diesem Morgen werden die Besucher auf Heuwagen vom Parkplatz zur Ranch gefahren und unterwegs von

Cowboys angegriffen. Eine filmreife Schießerei wird uns geboten, um uns in Western Stimmung zu bringen.

Als einer der Cowboys neben dem Heuwagen von einer Kugel „getroffen" schauspielerisch überzeugend zusammenbricht, sage ich schmunzelnd zu Marilyn:

„Schade, ich fand ihn ganz süß und wollte gerade nach seiner Telefonnummer fragen."

Zum Frühstück essen wir *Pancakes*, das sind kleine Pfannkuchen, die man mit Ahorn-Sirup übergießt.

Trotz der touristischen Atmosphäre versetzt dieser Ort einen in die amerikanische Geschichte, zurück in die Zeit, als die ersten Siedler die fruchtbare Erde des Westen umpflügten oder als Goldgräber ihr Glück suchten.

Am letzten Tag unseres Lake Tahoe Aufenthalts machen Marilyn, Rolla, Heidi, Hund Brittany und ich eine sechzehn Kilometer lange Wanderung an der Westseite des Sees, oberhalb der malerischen Bucht *Emerald Bay*.

Der Weg führt uns zum *Eagle Lake*, in dem Heidi und ich im eiskalten Wasser zu einer Insel in der Mitte des Sees schwimmen. Die großen Felsen, die sich am See auftürmen und auf denen Bäume wachsen, bilden eine spektakuläre Kulisse unter dem abermals blauen Himmel.

Ich fühle mich hier so richtig wohl und danke meinen Gasteltern, dass sie mich an diesen herrlichen Ort mitgenommen haben.

„Weißt Du, Susi, dies hier ist meine Kirche", sagt Marilyn und zeigt auf die Postkartenlandschaft.

„Hier sehe ich Gottes Schöpfung und fühle mich ihm nahe".

Ich finde, besser hätte man es nicht formulieren können.

Frauenpower in Mexiko

6. August-14. August 1988

„Frauenpower", so könnte man unsere Reisegruppe titulieren,
die sich auf den Weg nach Mexiko macht.

Wir sind zu sechst: Marilyn und ihre Freundin Bunny,
Bunnys Tochter Stacy, deren Freundin Lynn, Heidi und ich.
Zwei Erwachsene Damen, drei Teenager und die elfjährige
Heidi wollen Strandurlaub machen.

Vom Lake Tahoe fährt Rolla uns zum Flughafen Sacramen-
tos, wo wir uns mit den anderen Mädels um 6:00 Uhr treffen
wollen. Wer nicht auftaucht, sind Bunny, Stacy und Lynn.

Mit jeder verstreichenden Minute werden wir nervöser. Als
„letzter Aufruf für Flug American Eagle nach San Francisco"
aus den Lautsprechern ertönt, kommen die drei endlich an.

„Wir dachten, dass unser Treffen für 7:00 Uhr geplant sei",
erklärt Bunny, die nun auch etwas hektisch wird.

So schnell wie an diesem Morgen, habe ich mich noch nie
von jemandem verabschiedet. Wir rufen nur „*Bye Rolla!*" und
spurten zum Abflug-Gate.

Leider müssen wir feststellen, dass unsere Plätze bereits an
andere Passagiere der Warteliste vergeben wurden. Da wir
gerade noch rechtzeitig aufgetaucht sind, müssen die nun
wieder aus dem Flugzeug aussteigen.

Sehr peinlich!

Dank unseres Missverständnisses hat die Propeller Maschine, in die gerade mal zwanzig Passagiere passen, jetzt eine Viertelstunde Verspätung.

Eine halbe Stunde dauert der Flug von Sacramento nach San Francisco. Vom Flugzeug aus kann ich die vielen Verästelungen des Deltas sehen, in denen ich noch vor wenigen Tagen mit Roger und Debbie Wasserski gelaufen bin.

Beim Umsteigen in San Francisco erwartet uns die nächste Herausforderung:

Da Heidi, Stacy und Lynn noch minderjährig sind, müssen sie eine Einverständniserklärung BEIDER Eltern nachweisen, um die USA verlassen zu dürfen. Allein die Anwesenheit der Mütter reicht nicht aus.

Marilyn und Bunny kämpfen sich durch einen Berg von Formularen und führen Telefonate, bis wir endlich grünes Licht bekommen und alle in den Flieger nach Mexiko einsteigen dürfen.

Die besten Plätze werden schon vergeben, als wir noch mit Formalitäten kämpfen, und so landen wir in der Raucherabteilung. Inzwischen sind wir einfach nur noch froh, dass wir überhaupt noch mitfliegen dürfen.

Als wir pünktlich um 14:30 Uhr Ortszeit in Puerto Vallarta landen und die Tür des Flugzeugs geöffnet wird, schlägt uns eine derart schwüle Luft entgegen, dass sie uns erst einmal den Atem nimmt. Bei gefühlten 120% Luftfeuchtigkeit ist man durchgeschwitzt, bevor man das klimatisierte Flughafengebäude erreicht. Der Himmel ist mit grauen Wolken verhangen, die bereits den nächsten Regenschauer ankündigen.

Am Gepäckband stehen wir immer noch, während die anderen Passagiere des Fluges MX 977 vermutlich schon in ihren Hotelpools schwimmen. Lynns Koffer ist unser einziges Gepäckstück, das es hierher geschafft hat. Leider ist dieser stark beschädigt und droht, seinen Inhalt zu verlieren.

Alle anderen Koffer werden vermisst. Marilyn und Bunny füllen schon wieder Formulare aus, beschreiben „die Verschollenen".

Mit einem zerfetzten Koffer und unserem Handgepäck besteigen wir unseren „Hotel Shuttle", einen zerbeulten VW Bulli, der sein Haltbarkeitsdatum bereits überschritten hat.

Über Straßen mit Schlaglöchern, teilweise ganz ohne Asphaltdecke, ruckeln wir an Häusern vorbei, die eine Armut preisgeben, die ich mir bisher nicht vorstellen konnte.

Oft fehlen Glasscheiben in den Fenstern und statt Haustür weht nur ein Vorhang im Wind. Vor den „Häusern" stehen Maulesel oder magere Pferde, keine Autos.

Größer könnte der Kontrast nicht sein, als wir die gepflegte Hotelanlage erreichen. Eine Allee aufgereihter Palmen lädt uns ein, die klimatisierte Lobby zu betreten.

„Jetzt sind wir angekommen", denke ich, aber die freundliche Dame an der Rezeption erklärt, dass für uns erst ab morgen Zimmer reserviert seien. Man bedaure den Fehler des Reisebüros, denn das Hotel sei heute Nacht ausgebucht.

Nun bewundere ich Marilyn voller Respekt, denn sie bewahrt immer noch die Contenance. Ich hingegen verliere leicht die Fassung, möchte am liebsten ausflippen.

Nach endlosen Telefonaten mit dem Reisebüro und weiteren Besprechungen mit dem Hotelpersonal werden wir auf zwei „Suiten" verfrachtet. Diese sind Doppelzimmer mit zwei Queensize Betten und einer Kochecke.

Immerhin, wir haben eine Unterkunft für die Nacht und können duschen, um danach wieder in unsere verschwitzten Klamotten zu steigen.

Was ich auf dieser Reise gelernt habe? Immer ein Set frische Wäsche und die Zahnbürste ins Handgepäck stecken!

Den Abend verbringen wir in unserem mediterran anmutenden Hotel. Es gibt Essen und Getränke von Buffet, *all inclusive*.

Marilyn warnt mich, frisches Obst oder Salat zu verzehren. „Montezumas Rache" könnte sonst den Magen-Darm-Trakt gefährlich durcheinander bringen. Es handelt sich um die gefürchtete Reisekrankheit aller Nordamerikaner oder Europäer, die in südliche Länder reisen.

Wir sind nach den Abenteuern der Anreise wieder versöhnt, als wir gesättigt erstmals den Strand entlang schlendern. Der Spaziergang fällt leider kurz aus, da das nächste tropische Gewitter anrollt. Müde, nur in Unterwäsche bekleidet, legen wir uns in unsere Betten und lauschen dem Sturm, der inzwischen draussen tobt.

Am nächsten Tag ist unsere Stimmung so aufgehellt, wie der Himmel. Die Sonne strahlt und wir fahren mit einem Taxi zum Büro der Fluggesellschaft Mexicana Air, im Zentrum von

Puerta Vallarta. Dort reklamieren wir Lynns beschädigten Koffer und fragen nach den vermissten Gepäckstücken.

Nachdem man uns versichert, für die Schäden aufzukommen und unsere Koffer, die bestimmt noch heute in Mexiko eintreffen würden, an unser Hotel auszuliefern, bummeln wir ein wenig durch die Geschäfte.

Unsere Koffer sind tatsächlich bis zum Nachmittag wieder aufgetaucht.

Mit frischer Kleidung (und vor allem Badeanzügen) kommen wir zum nächsten Programmpunkt dieser Mexikoreise:

Eine Bootstour zu dem kleinen Fischerdorf Yelapa. Während der zweistündigen Überfahrt wird unser Boot von Delphinen begleitet, die verspielt durch die Bugwelle springen. In Yelapa erreichen wir eine traumhaft schöne Kulisse:

Ein breiter Sandstrand, der seinen Platz hufeisenförmig in einer Bucht einnimmt und von bewachsenen Hügeln eingerahmt wird, die einen dichten Regenwald erahnen lassen.

Noch bevor der Anker unseres Ausflugsschiffs den Meeresgrund erreicht, nähern sich drei kleine Fährboote vom Strand, um uns an Land zu bringen.

Kaum einen Fuß auf den Strand gesetzt, werden wir schon von den Dorfkindern umringt, die uns Führungen durch den Regenwald anbieten.

Wir beschließen, zu einem Wasserfall zu reiten und mir wird etwas unwohl bei dem Gedanken. Ich war noch nie zuvor auf einem Pferd gesessen.

Unserem „Guide", einem etwa achtjährigen Jungen machen wir deutlich, dass wir erst mal die Toiletten aufsuchen möchten. „Si!", lacht er uns entgegen und winkt, ihm zu folgen. Um die nächste Ecke herum betreten wir eine kleine Strohhütte, die eine Kloschüssel beherbergt. Als Spülung dient der daneben stehende Wassereimer. Wo das Abwasser hingeht, ist fraglich.

Wir verlassen den Strand mit seinen Bars und Snack-Restaurants, die hier eigens für die Touristen erbaut wurden. Dahinter befindet sich der eigentliche Ort, am Rande des Regenwalds. Dort stehen die Hütten der Einheimischen.

Auffallend viele Kinder tummeln sich zwischen den Gebäuden, aus denen undefinierbare Essensdüfte wabern. Ich habe das Gefühl in einem anderen Jahrhundert gelandet zu sein. Gekocht wird in großen Töpfen über offenem Feuer. Frauen sitzen unter Palmen und sticken.

Jede von uns wird auf einen Gaul gesetzt und ich frage mich, wo sich Bremse oder Gaspedal befinden. Das große Tier ist aber sehr gnädig und schaukelt mich auf seinem Rücken aus dem Dorf, im Tross mit meinen Begleiterinnen und unserem halbwüchsigen *Guide*.

Wir durchqueren einen Fluss, in dem die Pferde bis zum Bauch im Wasser einsinken, wobei uns das Wasser in die Sandalen läuft. Bei der schwülen Hitze ist das jetzt aber gerade sehr angenehm. Als wir den Wasserfall erreichen, habe ich längst jede Orientierung verloren.

Ohne unseren kleinen *Scout*, würden wir niemals aus dem Regenwald herausfinden. Nach einem erfrischenden Bad unter dem Wasserfall, bei dem wir uns das kühle Nass über die Schultern laufen lassen, traben wir zurück zum Strand.

Wir schwimmen in der Bucht und ich könnte stundenlang im warmen Meer herum treiben. Aber die Schiffstute erinnert uns daran, dass wir wieder zum Hotel zurückkehren müssen.

Am Abend klagen Bunny und Heidi leider über Bauschmerzen, bekommen Durchfall und haben sich tatsächlich die berüchtigte Reisekrankheit „Montezumas Rache" eingefangen.

Stacy, Lynn und ich sind aber bestens gelaunt und so verabschieden wir uns in eine Disco, die natürlich erst ab achtzehn Jahren besucht werden darf. Da aber niemand unsere Ausweise kontrolliert, gelangen wir unbehelligt in den Schuppen und tanzen, bis wir nicht mehr können. Drei Mexikaner, die ich auf Anfang zwanzig schätze, hängen sich als Tanzpartner an unsere Fersen und verfolgen uns nach draußen, als wir ein Taxi herbeiwinken. Wir verabschieden uns von den Jungs und der Fahrer gibt Gas. Nach wenigen Minuten erreichen wir schon den Eingangsbereich des Hotels, wo zwei besorgte Mütter auf und ab gehen, unsere Ankunft erwartend. Wir bezahlen gerade die Taxikosten, als unsere drei Tanzpartner neben dem Auto auftauchen. Sie sind einfach hinterher gelaufen und lassen nicht locker.

Mit breitem spanischen Akzent sagt einer von ihnen:

„In ganz Mexiko hat man noch nie so hübsche Mädchen wie Euch gesehen. Wir gehen jetzt zum Strand und zeigen Euch den Mond."

Marilyn und Bunny bekommen den Mund nicht mehr zu, als sie verstehen, dass wir verfolgt werden. Stacy sagt nun aber klipp und klar, dass jetzt Schluß sei.

„Gute Nacht Jungs!"

Als wir die Hotellobby betreten, geben die Männer schließlich auf.

„Ja klar, den Mond zeigen, obwohl der Himmel schon wieder wolkenverhangen ist", sagt Lynn und wir müssen kichern.

Es ist aber trotz Alberei ein sehr seltsames Gefühl, von Fremden so bedrängt zu werden. Ich bin heilfroh, dass wir zurück im Hotel sind und der Discobesuch ein harmloses Ende nimmt.

Nach drei Tagen in Puerto Vallarta steigt unsere Frauenmannschaft wieder in ein Flugzeug, um die nächste Etappe der Reise anzusteuern: Mazatlan.

Auch diese Stadt ist eine einzige Touristenmeile, mit großen Hotels am Strand. Wir beziehen das *Costa de Ora*, diesmal ganz ohne Zwischenfälle bei der Anreise. Eine traumhafte Hotelanlage mit drei Pools erwartet uns. Der Strand ist hier viel sauberer, als der in Puerto Vallarta. Es macht viel Spaß in der Brandung herum zu toben. Auf dem Weg zu unserem Zimmer begegnen wir bekannten Gesichtern aus Ukiah: Steve, ein Rotarier und seine Frau wohnen im Zimmer neben unserem. „Das gibt es doch gar nicht", denke ich. Aber Steve erzählt uns, dass er noch ein weiteres Paar aus Ukiah beim Frühstück getroffen habe. Die Welt ist sehr klein.

In Mazatlan verbringen wir die meiste Zeit am Strand, im Pool oder zur Happy Hour in einer Cocktail Bar. Mit Stacy und Lynn verstehe ich mich super und es ist schön, dass wir auch mal zu dritt losziehen dürfen. Heidi hat einen netten amerikanischen Jungen in ihrem Alter kennengelernt, mit dem sie stundenlang im Pool herum paddelt. Wir sind alle wieder gesund und genießen die Urlaubstage am Meer. Krönender Abschluss ist eine *Parasailing*-Fahrt vom Strand aus, die jede von uns ausprobiert. Man steigt dazu in ein Gurtgeschirr, das an einem Fallschirm befestigt wird. Dieser ist per Seil mit einem Boot verbunden. Ähnlich wie beim Wasserski zieht das Boot an und der Fallschirm gewinnt an Höhe. Es kribbelt ganz schön im Bauch, wenn man so hoch durch die Luft schwebt. Sobald das Boot seine Fahrt verlangsamt, sinkt man mitsamt Fallschirm wieder nach unten und landet entweder im Wasser, oder auf dem Strand. Einen schöneren Ausklang meines Austauschjahres hätte ich mir nicht wünschen können.

Am 14. August reisen wir von Mazatlan zurück nach Kalifornien. Wie bei jeder Einreise in die USA, muss ich auch dieses mal das Formular der Einwanderungsbehörde ausfüllen. Bei der Frage „geplante Dauer des Aufenthalts in den USA" schreibe ich mit dem Kuli „1 Tag" aufs Papier. Das sieht sehr seltsam aus, aber ich komme ungefragt wieder ins Land. Ich glaube, der Beamte am Schalter der Einwanderungsbehörde hat sich schon auf seinen Feierabend gefreut und nicht mehr so genau hingeschaut. Nachdem wir uns von Bunny, Stacy und Lynn verabschiedet haben, sind wir glücklich, Rolla in der Ankunftszone des Sacramento Airports zu sehen, von wo aus er uns sicher nach Ukiah fährt.

Es ist 1:00 Uhr morgens, als wir im Haus von Familie O ankommen. Somit ist mein letzter Tag in Ukiah bereits angebrochen.

Der letzte Brief

Ukiah, Montag 15. August 1988

Während ich mich in Mexiko vergnügte, kam ein letzter Brief aus Bielefeld für mich im Briefkasten von Familie O an, der in meinem Zimmer tagelang auf mich gewartet hat. Noch im Bett, direkt nach dem Aufwachen, öffne ich das Kuvert und entfalte das hauchdünne hellblaue Luftpostpapier:

Liebe Susi !

Hier melde ich mich zum letzten mal, Juhu! Das „Juhu" bezieht sich auf Deine baldige Ankunft. Nicht dass Du denkst, es habe mir keinen Spaß gemacht, Dir zu schreiben. Im Gegenteil. Ich finde, dass unsere Freundschaft durch die Briefe und trotz der großen Entfernung, sehr viel intensiver geworden ist. Ich hoffe, dass das so bleibt, wenn Du wieder da bist und wir über alles reden können. Ich habe Dir ganz zu Anfang unseres Briefwechsels einmal geschrieben, dass Du mir in diesem Jahr eine Art Tagebuch bist/warst. Das stimmt wirklich. Immer wenn es etwas aufzuschreiben gab oder mich etwas bedrückt, habe ich zuerst zum Briefpapier gegriffen. Gerade dadurch, dass Du Abstand hattest, zu den Dingen, die hier vorgefallen sind, hat sich so eine enge Verbindung entwickelt, die hoffentlich noch anhält, wenn wir uns wieder sehen.

Du kannst Dir nicht ausmalen, wie sehr ich mich über Deine letzten Zeilen gefreut habe. Es ist wunderschön, wenn einem die beste Freundin sagt, dass sie froh ist, dass es einen gibt.

Komisch, in der ganzen Zeit, in der Du weg bist, habe ich eigentlich nie richtig das Gefühl gehabt, dass Du fort bist. Ich habe so oft mit anderen, vorneweg mit Deinen Eltern oder Chris, über Dich gesprochen. Durch Deine vielen Briefe konnte ich mir stets ein Bild von Deinem „amerikanischen Leben" machen. Du hast mir so viel davon berichtet, dass ich auch Lust bekommen habe, dieses Land einmal kennenzulernen.

Der Abschied muss Dir furchtbar schwer fallen, aber so wie ich Dich kenne, ist es ganz bestimmt nicht für immer.

Jetzt sind es nur noch wenige Tage, bis wir uns wiedersehen. Ich kann das noch gar nicht realisieren. Es wird bestimmt seltsam sein, sich nach so langer Zeit wieder gegenüber zu stehen. Aber glaube mir, ich brenne schon darauf. Und alles weitere erzählen wir uns dann mündlich.

Ich hab Dich lieb, Deine Jane

PS: Deine Eltern und ich haben Deinen Empfang in der Heimat vorbereitet. Also liebe Susi, komm zurück ins „gelobte Land".

3. Akt, letzte Szene: „Susis Heimkehr".

Dieser Brief macht mir so viel Mut, dass ich mich endlich auch wieder darauf freue, nach Hause zu kommen.

Ich schwinge mich zum letzten mal aus diesem Bett und quetsche die letzten Sachen in meine Koffer. Mit zusammengebissenen Zähnen bekomme ich alle Gepäckstücke verschlossen.

Dann fühlt er sich plötzlich real an, der letzte Tag.

Rückkehr

Ukiah-Bielefeld, 15.-16. August 1988

Der erste Stop auf unserem Weg zum Flughafen, ist der Computerladen von Alec. Meine ersten Gasteltern sind beide im *Shop* und ich drücke sie ganz fest, als wir uns verabschieden. Sie geben mir tausend gute Wünsche mit auf den Weg und ich bin froh, dass wir es mit der Verabschiedung kurz und knapp halten.

Während wir uns die letzten Worte sagen, kommt ein Kunde ins Geschäft. Ach, das ist ja Lou, einer der Rotarier aus Alec's Club. Na, dann kann ich dem auch gleich noch hier Lebewohl sagen, bevor ich wieder zu Marilyn, Rolla und Heidi ins Auto steige.

Wir verlassen die kleine Stadt im tiefen Tal der Pomo Indianer in Richtung Süden. Ich schaue aus dem Fenster und versuche mir noch einmal den Anblick der Hügel und der Weinreben, die wie ein Exodus-Geleit in Reihe und Glied stehen, ganz intensiv einzuprägen. Die hügelige Landschaft, mit vertrocknetem Gras ist mir so vertraut geworden und ans Herz gewachsen.

In Santa Rosa denke ich noch einmal an Skip, Bev, Peggy und Guy, sage ihnen im Geiste „auf Wiedersehen".

Als wir über die Golden Gate Bridge fahren, strahlt diese zum Abschied in satten Rottönen und schenkt mir einen letzten phantastischen Blick auf die Skyline von San Francisco, so dass es einen Stich in meiner Herzgegend gibt.

Roger und Debbie haben die letzte Nacht auf ihrem Boot in San Rafael verbracht, um unsere Gruppe am San Francisco Airport zu treffen.

Und noch jemand wartet auf mich im Flughafen Terminal: Katherine.

Wie verabredet, ist sie gekommen. Ich sehe sie nach einem Jahr zum ersten mal wieder. Sie hat den typischen ostwestfälischen blassen Teint, strahlt mich aber selbstbewußt und mit einem neuen flotten Kurzhaarschnitt an.

Sie ist fast nicht wieder zu erkennen. Ich habe sie so verschlossen und schüchtern in Erinnerung, dass ich kaum glauben kann, was für eine muntere junge Frau nun vor mir steht.

Wir reden deutsch und englisch durcheinander und fühlen uns schwesterlich verbunden, obwohl wir in unserem Leben kaum Zeit miteinander verbracht haben.

Dann kommt der Moment, vor dem ich am meisten Angst habe. Ich muss mich endgültig verabschieden!

Rolla macht den Anfang und drückt mich ganz fest. Er gibt mir seine ganze positive Ausstrahlung mit, indem er sagt:

„You'll be fine, Kid!", alles wird gut werden.

Auch Roger schenkt mir noch ein Lächeln und als er mich umarmt, höre ich seine Worte an meinem Ohr:

"Ich freue mich schon so auf unser Wiedersehen im nächsten Jahr in Deutschland."

Marilyn laufen, genau wie mir, heiße Tränen über die Wangen und sie schafft nur noch ein „Good Bye", bevor Rolla sie in den Arm nimmt und tröstet.

Heidi klammert sich an mich und fühlt sich in meiner Umarmung wie ein Kuscheltier an. Ihre Schultern beben und sie kann mir nicht in die Augen sehen. Ich verstehe es. Es braucht keine Worte oder Blicke mehr.

Schließlich nimmt eine weinende Debbie mich in ihre Arme und sagt:

„We love you and God bless you!"

Es folgt noch eine letzte Überraschung. Aus ihrer Tasche zieht Debbie ein Fotoalbum, das sie mir überreicht.

„Darin sind Fotos von Deinem kalifornischen Jahr, die Alec, Tina, Rolla, Marilyn, Roger und ich für Dich gemacht und gesammelt haben."

Jetzt kann ich nicht mehr. Ich reiße mich zusammen, um nicht laut los zu heulen und packe das Album in meinen Handgepäck-Rucksack.

„Ich werde es mir dann im Flugzeug ansehen", flüstere ich durch einen Tränenschleier an meine Delegation und bewege mich träge in Richtung Passkontrolle.

Ein letzter Blick zurück und noch einmal winken. Dann verschluckt mich die Sicherheitskontrolle und ich bin ganz allein auf dem Weg zum Gate.

Ich lasse mich in den Economy-Sitz 48C des Lufthansa Fluges von San Francisco nach Frankfurt fallen und atme erst einmal tief durch. Ein Platz am Gang, aber es gibt kein Zurück mehr für mich.

Neben mir sitzt ein deutsches Paar auf der Fensterseite. Die Frau lächelt mir zu.

Als die Boing 747 abhebt, verrenke ich mir den Hals, um aus dem kleinen Fenster einen letzten Blick zu erhaschen.

Ich erkenne die *Richmond-San Rafael-Bridge* und weiß genau, auf welcher Seite meine Augen nun nach dem Yachthafen suchen müssen.

„*Good Bye, Mutual Fun!*"

Tränen steigen mir schon wieder in die Augen.

Das Bordpersonal beginnt mit dem Getränkeservice. Ich weigere mich, deutsch zu sprechen. „Nein, jetzt noch nicht", sagt meine innere Stimme. Im breitesten amerikanischen Akzent bitte ich höflich um ein deutsches Bier. So ein Stückchen Heimat hatte ich mir in Ukiah ab und zu gewünscht und hier bekomme ich es ganz selbstverständlich auf dem kleinen Klapptisch serviert.

Dann ziehe ich das Fotoalbum aus meinem Rucksack und lese die Widmung auf der ersten Seite:

„Susi, wir haben glückliche und traurige Zeiten im vergangenen Jahr geteilt. Hier drin findest Du einige unserer vielen gemeinsamen Erinnerungen.

Wir lieben Dich !!! Roger & Debbie"

Ich habe einen dicken Kloß im Hals und mir wird ein bisschen übel.

Während ich durch das Album blätterte, erkenne ich mich selbst manchmal kaum wieder. Die Veränderungen im Laufe der letzten zwölf Monate sind hier absolut sichtbar.

Ich muss mir immer wieder die Augen wischen, denn beim Anblick dieser Fotos bricht auch noch der letzte Damm in mir. Dies war das erlebnisreichste Jahr meines Lebens!

Meine Gastfamilien, die neuen Freunde und ich haben so viel zusammen erlebt. Wie soll so etwas jemals getoppt werden?

Ich war so glücklich in Ukiah, habe mich so frei und wohl gefühlt, dass die Erkenntnis, das alles hinter mir zu lassen, nun körperlich weh tut.

Fragen wirbeln mir durch den Kopf:

„Werden meine Gastfamilien und ich in Kontakt bleiben und wir uns wiedersehen? Wann? Wo? Wie wird das sein? Bestimmt werden wir uns fremd, bei dem Abstand."

Die freundliche Dame neben mir lehnt sich ein bisschen hinüber, schielt in mein Fotoalbum und fragt ganz sachte, ob alles in Ordnung sei. Ich nicke und nachdem ich mir die Nase geputzt habe, erzähle ich ihr, dass ich gerade ein wunderbares Jahr als Austauschschülerin hinter mir habe und mich jetzt auf dem Rückflug befände.

„Das hier", sage ich und deute auf das Album vor mir, „sind so viele tolle Erinnerungen!"

Ganz behutsam tätschelt sie meinen Arm und sagt: „Das muss jetzt sehr schwer sein. Es sieht so aus, als hätten Sie eine schöne Zeit gehabt. Darf ich ein paar Fragen zu Ihren Erlebnissen stellen?"

Es tut gut, dass die Frau neben mir so mitfühlend ist und mich tröstet. Ihre Fragen beantworte ich sehr, sehr gerne.

Jetzt bin ich eine Botschafterin für Amerika.

Die Perspektive hat sich gerade verändert.

Lufthansa bietet uns Passagieren einen Film an, den ich mir in englischer Sprache ansehe. Ich kann immer noch nicht loslassen.

Ein neuer Tag bricht an und pünktlich um 11:00 Uhr Ortszeit landet die Maschine auf dem Frankfurter Flughafen.

Das große Herzklopfen geht wieder los. Ich betrete nach einem Jahr deutschen Boden.

Das Gepäck ist schnell auf dem Kofferband gefunden und auf einen Wagen gepackt, den ich nun durch die Glastür in der Ankunftsebene schiebe.

Das erste, was ich sehe, ist ein T-Shirt der Ukiah High School! Darin steckt mein Freund.

Was für eine Überraschung! Ich falle ihm um den Hals, rieche den vertrauten Duft eines Menschen, der mir sehr nahe steht. Ein unbeschreibliches Gefühl.

Dann spüre ich seinen kratzigen Drei-Tage-Bart an meiner Wange und bin ganz befangen. Was sagt man nun?

Ihm geht es genauso und wir merken sofort, dass wir uns erst einmal langsam annähern müssen.

Er ist die dreihundert Kilometer von Bielefeld mit dem Motorrad hierher gefahren, nur um diesen kurzen Moment meiner Ankunft nicht zu verpassen. Ich bin gerührt.

Hinter Chris tauchen meine Eltern auf, die mich freudig begrüßen und in ihre Arme schließen.

„Meine Güte, Du bist ja unverschämt braun gebrannt! Geht es Dir gut? Sind alle Gepäckstücke da?"

Wir schieben den Wagen mit meinen Koffern in Richtung Parkhaus und verabschieden uns von Chris, der sich wieder auf sein Motorrad schwingt.

Während wir nach Hause fahren, erzähle ich meinen Eltern alles kreuz und quer, was mir als erstes wieder einfällt.

Ich rede wie ein Wasserfall.

Schließlich erreichen wir mein Elternhaus, wo eine Luftballongirlande den Eingang schmückt. In der Mitte der Tür hängt ein pinkfarbener Luftballon mit der Aufschrift „***Welcome Home***".

Mit einem lauten „Huhu" kommt Janine um die Hausecke geflitzt und wir umarmen uns jubelnd. Wenig später gesellt sich auch Chris zu uns.

Dieser Empfang nimmt ganz viel Spannung von mir. Ich kann mich endlich freuen, wieder zuhause zu sein.

Es war eine lange Reise.

Es war ein langes, aufregendes Jahr, das mein Leben verändert hat.

Epilog

Um es vorweg zu nehmen:

Ich habe alle Gastfamilien und viele der Freunde in Ukiah wiedergesehen. Meine Gastfamilien und ich sind bis heute, mehr als dreißig Jahre nach meiner *High School Graduation*, noch immer sehr eng verbunden.

Aber nun der Reihe nach:

Wenige Tage nach meiner Ankunft in Deutschland, begann für mich wieder die Schule.

Das Abitur war nun ein erreichbares Ziel, nicht zuletzt weil meine Englischnote ab nun „sehr gut" lautete.Ich freute mich darüber, wieder den guten, alten Englischlehrer zu haben, der unsere Schülergruppe einst nach New York begleitet hatte.

Er behandelte mich im Unterricht fast wie eine Kollegin und störte sich nie an meinem amerikanischen Akzent.

Weniger glücklich verlief der Einstieg in meinem zweiten Leistungskurs, im Fach Deutsch. Hier hatte ich das zweifelhafte „Vergnügen", wieder an meinen verhassten Lehrer aus der Mittelstufe zu geraten. Als er die Teilnehmer seines Deutschkurses durchsah und mich in der letzten Stuhlreihe entdeckte (die ich mir bewußt ausgesucht hatte), sprach er mit süffisantem Lächeln zur Klasse:

"Da sieh mal einer an. Wen haben wir denn da? Susanne, Du kommst gleich mal hier vorne auf den freien Platz, direkt vor meinem Pult. Bist Du also wieder zurück aus dem Land der zertretenen Cola-Dosen?"

Als ich meine Sachen zusammenraffte und auf den Platz in der ersten Reihe umzog, kam meine Antwort ohne zu überlegen:

„Waren Sie jemals in den USA? Falls nicht, dann sollten Sie sich besser kein Urteil erlauben."

Das war es dann. Er bekam einen roten Kopf und sagte nichts mehr. Ich hatte ihn mit meiner Bemerkung voll erwischt und vor der gesamten Klasse lächerlich gemacht. Das war keine Glanzleistung, aber immerhin war ich nun soweit gefestigt und gereift, dass ich den Konflikt mit ihm (der bis zum Abi andauern sollte) aushalten konnte.

Im Winter 1988 änderte sich dann in meinem Elternhaus so einiges, als ein Rotary Austauschschüler bei uns einzog.

John aus Reno wohnte drei Monate bei uns. Meine Eltern und ich wurden nun die Gastfamilie.

Für mich war es unglaublich schön, auf diese Art und Weise das Erlebnis „Schüleraustausch" jetzt aus der anderen Perspektive zu erleben.

Wir feierten gemeinsam Weihnachten und Silvester, nahmen ihn völlig selbstverständlich in unsere Reihen auf. Seine Anwesenheit war ein Geschenk, denn ich fühlte mich wieder so eng mit dem Rotary Programm verbunden, obwohl ich im trüben Winter Ostwestfalens feststeckte.

Nach dem zwölften Schuljahr mußte ich mit ansehen, wie meine einstigen Mitstreiter auszogen, um ihr Leben nach der Schule in Angriff zu nehmen. Auch Janine hatte jetzt das Abi in der Tasche. Unsere Tanzerei hatten wir wieder aufgenommen, als wäre ich nie weg gewesen.

Meine beste Freundin hat in der Leidenschaft zu Tanz und Theater ihre Berufung gefunden.

Als Roger und Debbie im Sommer 1989 erstmals nach Deutschland kamen, steckte Janine gerade im Bewerbungsprozess für den heiß ersehnten Studienplatz für angewandte Theaterwissenschaft. Wir jubelten gemeinsam, als sie die Aufnahmeprüfung an die Gießener Uni bestand.

Die Wiedersehensfreude mit Roger und Debbie war unfassbar groß.

Jetzt konnte ich ihnen die Welt zeigen, aus der ich kam. Meine Eltern hatten sie ja bereits in Ukiah kennengelernt. Nun durfte ich sie auch mit Chris, Janine, meinen Großeltern, meinem Bruder, weiteren Freunden und unserem Austauschschüler John bekannt machen.

Wie versprochen, reisten wir auf den Pfaden, die nicht von Touristenhorden belagert wurden. Wir segelten mit dem Boot meiner Eltern auf dem Dümmer See, wohnten in einem kleinen Weingut an der Mosel, verbrachten lustige Tage und Nächte auf der Alm unserer Schweizer Freunde zwischen Kühen und Appenzeller Käse.

Bei meinen Großeltern in Kassel pflückten wir die reifen Johannisbeeren von den Sträuchern und im Ruhrgebiet besuchten wir Kirstin, die sich natürlich auch wahnsinnig über Besuch aus Ukiah freute.

Wir waren wieder vereint, als ob nicht ein Jahr, sondern nur eine Woche seit unserem Abschied vergangen wäre. Das machte mir unglaublich viel Mut für weitere Treffen in der Zukunft.

Wer mir am meisten half, das „Ukiah-Heimweh" zu verkraften, war mein Freund. Chris und ich fanden wieder zueinander. Ich stellte fest, dass er sich in der Zeit meiner Abwesenheit, ebenfalls weiterentwickelt hatte. Dadurch entdeckten wir uns neu und gaben uns gegenseitig Halt, als vieles im Umbruch war.

Entscheidungen mußten gefällt werden: Studium oder Ausbildung? Wie sollte die berufliche Zukunft aussehen?

Wir waren wieder ein Paar, fester zusammen geschweißt als vorher.

1990: In die Berliner Mauer hämmerten die Andenkenjäger Bruchstücke aus dem hässlichen Bauwerk, das über Jahrzehnte die Bundesrepublik von der DDR trennte. Wir sahen Trabis über Westautobahnen fahren und freuten uns mit den Menschen, die nun die Freiheit hatten, auch in alle Richtungen zu reisen. Der kalte Krieg war endlich beendet.

Das Abi hatte ich geschafft. Eine schöne Verabschiedung von der Schule, wie zwei Jahre zuvor in Ukiah, gab es nicht.

„Da haben wir noch ganz viel Nachholbedarf", dachte ich, als ich mein Zeugnis nach Hause trug und der Lehranstalt nach all den Jahren den Rücken kehrte.

Die Idee als Flugbegleiterin etwas von der Welt zu sehen, war noch in meinem Kopf. Aber ich fragte mich gleichzeitig, wie lange man so ein Leben aus dem Koffer wohl durchhalten könne. Ohne ein Studium oder eine abgeschlossene Berufsausbildung, erschien mir dieser Job als „zu wenig". Eine Lehre zur Hotelfachfrau sollte vielmehr die Basis für mein weiteres Berufsleben werden und so reiste ich mit der Deutschen Bahn

kreuz und quer durchs Heimatland, unterwegs zu Vor-
stellungsgesprächen in noblen Hotels. In Hannover fand ich
den Ausbildungsbetrieb, der mir am geeignetsten erschien und
bezog dort meine erste eigene Wohnung.

Vor dem Umzug in die Niedersächsische Hauptstadt, hatte
ich allerdings noch etwas zu erledigen:
Ich reiste zurück nach Ukiah, welches mich auf die gewohn-
te und lieb gewonnene Weise begrüßte: mit viel Sonne!
Meine Gastfamilien empfingen mich mit offenen Armen.
Als ich das Haus von Familie O nach zwei Jahren erstmals
wieder betrat und Brittany freudig an mir hochsprang, wußte
ich, dass die vielen Kilometer zwischen uns zusammen-
schmelzen können, wenn wir uns weiterhin in unseren Briefen
alles erzählen.
Inzwischen gab es sogar ein Faxgerät im Büro meines
Vaters, mit dem man sich Nachrichten schicken konnte, die
am gleichen Tag in Ukiah ankamen.
Das erschien uns sensationell!

Heidi und Casey hatten sich in den zwei Jahren meiner
Abwesenheit natürlich äusserlich am meisten verändert. Sie
waren Teenager geworden.
Andere Austauschschülerinnen hatten meinen alten Platz
eingenommen. Bei Roger und Debbie wohnte in diesem Sommer Helen aus Australien. Sie war eine der vielen, die noch
folgen sollten.

Rick und Jan wurden ebenfalls Gasteltern und beherbergten
gerade eine junge Dame aus Japan.

Sonst war es tatsächlich so, als wäre ich eben noch selbst die Austauschschülerin gewesen. Ich fuhr wieder Wasserski auf dem Lake Mendocino, besuchte die Rotary Meetings und die Ukiah High School, wo ich auf der Tribüne saß, während die *Class of 1990* ihre *Graduation* feierte.

Wendy traf ich in San Francisco, wo diese nun lebte und arbeitete.

Weder die Kilometer noch die Jahre würden etwas daran ändern, dass Ukiah mein zweites Zuhause geworden war. Mit dieser Gewissheit konnte ich ohne Tränen weiter reisen, um meine Eltern in Kanada zu treffen, wo wir gemeinsam Urlaub machten. Wir besuchten Alec, Tina und Casey, die ihre Sommerferien ebenfalls in Kanada verbrachten, wo sie einst lebten, als Casey per Adoption ihre Tochter wurde.

Ein paar Tage später flogen meine Eltern und ich wieder in die USA und besuchten unseren Austauschschüler John in seinem Zuhause in Reno. Seine Eltern nahmen uns ganz selbstverständlich in ihrem Haus auf.

Nur einen Tag nach unserer Rückkehr in Bielefeld, stand Familie O auf unserer Hausmatte. Ich tourte mit ihnen durch Süddeutschland und wir trafen weitere Freunde aus Ukiah in Salzburg.

Die Welt war für mich inzwischen deutlich kleiner geworden. Reisen wurden zu einem wunderbaren, wichtigem Teil meines Lebens.

Nach diesem Sommer des großen Wiedersehens begann ich meine Ausbildung zur Hotelfachfrau in Hannover. Ein neuer Lebensabschnitt.

Ganz ohne Eltern oder Gasteltern waren es nun Vorgesetzte und Kollegen, mit denen ich die meisten Stunden meiner Tage verbrachte. Die Arbeitszeiten im Hotel waren kein Zuckerschlecken.

Nach dem Motto „Wir keulen bis wir heulen" kamen wir Azubis auch körperlich an unsere Grenzen. Dennoch liebte ich die Welt, in die ich nun vorgedrungen war. Gäste einchecken, ihnen Tipps für ihre Reisen geben, Reservierungen bearbeiten; das alles machte mir sehr viel Spaß.

Im Service, in der Küche und beim Zimmerputzen lernte ich, was richtig harte Arbeit war. Dabei entfernte ich mich allerdings immer weiter von Chris.

Ich wollte noch so viel Neues ausprobieren, war noch nicht bereit für eine ganz feste Bindung, so dass eine Trennung unausweichlich war.

Er blieb in Ostwestfalen, ich wollte eben dort hinaus.

In meinem Sommerurlaub 1992 winkte ich mit Marilyn, Rolla und Grandma Jane am San Francisco Airport, um Heidi zu verabschieden, die sich nun als Rotary Austauschschülerin auf den Weg nach Deutschland machte.

Ein Jahr später, (ich war wieder in Ukiah), schmückte ich mit Marilyn deren Haus, um Heidi willkommen zu heißen, als sie mit einem hübschen Heidelberger Akzent wieder heimkehrte. Heidi war erwachsener geworden und hatte ihre eigenen Erfahrungen als Austauschschülerin gemacht.

Ich war in diesem Jahr mit meiner Hotelausbildung fertig geworden und wollte jetzt als Flugbegleiterin durchstarten. Allerdings: Schlechtes Timing!

Es ging mit der Airline-Branche eher nach unten, als nach oben. Die Lufthansa stellte kein neues Personal ein.

Bei British Airways sah es besser aus und dort durchlief ich ein Assessment Center sowie medizinische Tests, bezog eine WG in London, um dann aber auch eine Absage wegen Einstellungsstop zu bekommen.

Da ich nun schon mal da war, blieb ich zwölf Monate in London, eingestellt als Hostess im Langham Hilton Hotel.

In einem englischsprachigen Land zu arbeiten, bereitete mir nach dem Jahr als Austauschschülerin überhaupt keine Probleme.

Die Treffen meiner Gasteltern wurden auf Orte rund um den Globus erweitert, denn inzwischen hatte das Reisefieber nicht nur Familie O, sondern auch Roger, Debbie, Rick und Jan erfasst. Ob gemeinsames Wandern in den Dolomiten, Fahrten über den Rhein, in der Toskana, in Barcelona, oder anderen Zielen innerhalb der USA; es war immer so, als hätten wir uns „eben erst" zum letzten mal gesehen.

Natürlich hat sich im Laufe der dreißig vergangenen Jahre auch vieles verändert.

Roger und Debbie wurden bis 2012 nicht nur die Gasteltern vieler Austauschschüler, sondern sie begleiteten auch über all diese Jahre die Western Safari. Die meisten ihrer Schützlinge besuchten sie in deren Heimatländern. Dabei bereisten sie mehrere Kontinente und wurden solche Spezialisten, dass Debbie ihr eigenes Reisebüro eröffnete und dies bis dato betreibt.

Roger wurde der Organisator des Rotary Jugend-Austauschprogramms in seiner Region, vermittelte in dieser Funktion über zwanzig Jahre lang Schüler an deren Gastfamilien und kümmerte sich um die bürokratische Angelegenheiten, die dazu gehörten.

Nachdem Casey die Schule abgeschlossen hatte, bauten Alec und Tina ein Haus auf der Familienranch in Hopland, wo sie heute „hauptberuflich als Großeltern" leben.

Casey ist verheiratet, arbeitet im Krankenhaus von Ukiah als Hebamme und ist selbst Mutter von drei Kindern. Sie bezog mit ihrer Familie das Ranch-Haus ihrer Großmutter Audrey, nachdem diese im Alter von hundert Jahren verstorben war.

Rolla und Marilyn verließen Ukiah ebenfalls, nachdem Heidi nicht mehr die Schulbank drückte. Sie verwirklichten ihren Traum und kauften eine Ranch in Potter Valley, unweit von Ukiah, wo sie ihr eigenes Obst und Gemüse anbauen.

Sie sind weiterhin im Winter am Lake Tahoe und im Sommer in Fort Bragg zu finden.

Heidi studierte und hat ihren Traumjob beim National Park Service in Denver gefunden, wo sie für die Pflege und Verwaltung geographischer Daten aller Nationalparks in Montana, Wyoming, Utah, Colorado, Arizona, New Mexico, Oklahoma und Texas verantwortlich ist.

Ich selbst zog von London nach St. Moritz, wo ich ebenfalls in einem Hotel arbeitete.

Inzwischen lief die Kommunikation mit Ukiah per E-mail. Traumhaft schnell, so einfach und ohne Kosten.

Nach zwei Jahren Berufserfahrung schrieb ich mich in der Heidelberger Hotelfachschule ein, um den Abschluss als Hotelbetriebswirtin zu machen. Ich verließ die Hochschule nicht nur mit dem Titel, sondern auch mit meinem zukünftigen Ehemann.

Mein Verlobter Matthias und ich nutzten die Sommerferien, um nach Ukiah zu fliegen. Er wurde in „den Clan" dort genauso herzlich aufgenommen, wie in meine Bielefelder Familie.

Matthias und ich fanden neue Arbeitgeber im Rhein-Main-Gebiet, wo wir uns niederließen.

Der Einladung zu unserer Hochzeit im Juni 2000 folgten Roger, Debbie, Rolla, Marilyn, Katherine und auch meine Gastfamilie aus Nordirland. Es war wunderbar, sie an so einem wichtigen Tag dabei zu haben.

Auch die Geburt unserer Tochter Emily änderte nichts am Verhältnis zu meinen Gastfamilien, sie erweiterte einfach den Personenkreis. Seither reisen wir zu dritt gemeinsam, wohin auch immer. Auf alle Fälle immer wieder auch nach Ukiah.

Katherine zog es ebenfalls regelmäßig nach Bielefeld zurück, in ihre „neue Heimat", die sie durch das Austauschprogramm kennengelernt hatte. Die Besuche blieben nicht ohne Folgen. Sie traf in Bielefeld die große Liebe, heiratete und lebte für mehrere Jahre wieder in Ostwestfalen, bevor das Paar aus beruflichen Gründen in die USA übersiedelte.

John, unser zweiter Austauschschüler, wollte ebenfalls noch einmal ins Ausland ziehen und lebte mit seiner Frau und ihren zwei Kindern acht Jahre in Weinheim an der Bergstrasse.

Seit 2017 residiert die Familie wieder in Reno, Nevada. Johns Kinder sprechen fließend deutsch und englisch. Sie kennen beide Kulturen, die selbstverständlich ein Teil ihres Lebens wurden.

Hilde Müller bewohnt auch heute noch ihr Haus in Ukiah, gegenüber von Jasons ehemaligen Gasteltern Monte und Kay.

Ich durfte sie, bei einer ihrer Deutschlandreisen, vom Frankfurter Flughafen abholen und sie als Gast in unserem Haus aufnehmen, bevor sie ihre Verwandten in Walldorf besuchte.

Sie hat das 90. Lebensjahr bereits überschritten, geht aber weiterhin jeden Sonntag in die Grace Lutheran Church in Ukiah zum Gottesdienst.

Rick und Jan zogen weg von Ukiah und wohnten mehrere Jahre in Palm Desert, östlich von Los Angeles. Dort besuchten wir sie mehrmals, lernten auf diese Weise auch den Süden Kaliforniens kennen.

Im Dezember 2018 zogen sie wieder um, diesmal nach Arizona.

Rick und Jan betreiben immer noch ihre Versicherung in Ukiah, obwohl sie dort nicht mehr leben. Die richtigen Mitarbeiter und das Internet machen es möglich, viele Kilometer vom Arbeitsplatz entfernt zu leben.

Rick ist weiterhin begeisterter Hobbymusiker. Und zusammen mit Jan lässt er keine Gelegenheit zum Wandern aus.

Der rotarische Leiter des Schüleraustauschs für Distrikt 513, Dave, lebt als Rentner mit seiner Frau Carol weiterhin in Eureka.

Bei einem Besuch im Jahr 2017 durften mein Mann, meine Tochter und ich feststellen, dass er auch mit neunzig Jahren geistig so fit ist, wie eh und je. Auch wenn das Augenlicht schwindet, ist Dave voll im Thema, wenn man über Rotary, Politik und Aktuelles spricht.

Carol schreibt weiterhin Karten oder E-mails, die uns an ihrem Leben teilhaben lassen.

Von Jack habe ich nach meiner Graduation nichts mehr gehört. Er war ein wichtiger Freund meines Austauschjahres, aber kein Freund für die Zukunft. Es ist gut so, wie es ist.

Er bleibt in meiner Erinnerung jemand, der Schmetterlinge in meinem Bauch tanzen ließ.

Nach Leipzig wurde Janine durch ihren Beruf verschlagen. Ihr Verlobter ging mit und beide fanden dort ein Zuhause, heirateten und gründeten ihre Familie.

Als Mutter von zwei Kindern und mit ihrem Job ist Janine voll eingespannt, findet aber trotzdem einmal jährlich die Zeit, für ein gemeinsames Wochenende mit mir.

Sie ist und bleibt meine beste Freundin.

Chris ist verheiratet, lebt heute mit seiner Frau und zwei Kindern in Ostwestfalen. Wir sind immer noch Freunde.

Meine Eltern haben unabhängig von mir den Kontakt zu unseren Übersee-Freunden aufrecht erhalten. Als ich mit Ausbildung, Beruf und Weiterbildung beschäftigt war, nahmen sie jede Gelegenheit wahr, um sich mit Familie O, Alec, Tina, Roger, Debbie, Rick, Jan, Katherine oder John zu treffen.

Manchmal schafften wir es gemeinsam, manchmal waren es „nur" Hans und Ingrid, die in Kalifornien oder irgendwo in Europa mit den Lieben aus Ukiah zusammen kamen.

Als Rentner wurden meine Eltern des Reisens kein bisschen müde und sagten vielmehr:

Jetzt erst recht.

Und unser jüngstes Familienmitglied? Tochter Emily war vor ihrem elften Geburtstag bereits vier mal in den USA und zwei mal in Kanada. Englisch versteht und kommuniziert sie schon sehr gut.

Sie geht in den Häusern meiner ehemaligen Gasteltern ein und aus, als wäre es das Natürlichste der Welt. Für sie sind es ihre „amerikanischen Großeltern", die dort leben.

Bei unserer letzten Transatlantik-Reise erklärte sie Roger am Crater Lake in Oregon, wie man mit dem Smartphone ein Panoramafoto macht. Ein klassisches Enkelin-Großvater-Gespräch also.

Bei Alec und Tina durfte sie erfahren, wie es sich anfühlt, wenn man Fische mit der Angel aus einem Teich zieht.

Rolla gab ihr die erste Fahrstunde im Geländewagen.

„Tante" Heidi ist super cool und spricht Deutsch mit Heidelberger Dialekt. Emily liebt die Cookies von Marilyn ebenso wie den Pool bei Roger und Debbie.

Es ist schön für mich zu sehen, dass unsere Familien so eng zusammen gewachsen sind.

Wir tauschen uns weiterhin aus und machen Pläne für die nächsten Besuche.

Diese Geschichte ist noch nicht zu Ende...

Warum dieses Buch nach 30 Jahren?

Das Thema Schüleraustausch hat mich nie mehr losgelassen.

Als ich im August 1988 zurück nach Deutschland kam, wurde ich ganz oft gefragt: „Und? Wie war Dein Austauschjahr in Amerika?"

Ich fand es immer störend, diese Frage mit ein paar läppischen Sätzen zu beantworten.

„Es war toll. Ich kam erwachsener zurück", erschien mir viel zu unzureichend.

Ich hatte meine Erfahrungen gemacht, die englische Sprache verinnerlicht und so viele Menschen kennenlernt, die alle wiederum ihre Geschichten hatten.

Viele Austauschschüler kommen mit einem Koffer voller Erinnerungen zurück. So erging es mir auch. Darunter befanden sich die drei Tagebücher, in denen ich alles niederschrieb, was mir wichtig war, was ich traurig oder lustig fand. Genug Material für ein Buch, wie ich den Rotariern bei meiner Abschiedsrede in Ukiah bereits prognostiziert hatte.

In all den Jahren verspürte ich den Wunsch, über mein Jahr als Austauschschülerin zu berichten. Aber immer kam das Leben dazwischen: Ausbildung, Job, Familie…

Jetzt war ich endlich in der Lage, mir die Zeit zu nehmen, die alten Tagebücher, Fotos und Briefe durchzustöbern. Alles tauchte vor meinem inneren Auge wieder auf. Und ich sagte mir:

„Wenn nicht jetzt, wann dann?"

Lessons learned

Bei Gastfamilien kommt es nicht auf die Anzahl der Familienmitglieder an, sondern auf die Einstellung aller Beteiligten. Jede Familie hat ihren ganz eigenen Lebensstil. Man kann nicht verallgemeinern.

Betrachtet man das Haus einer Gastfamilie ist nicht die Größe oder der Standort entscheidend, sondern wer darin lebt und wie man miteinander umgeht.

Hüte Dich vor voreiligen Schlüssen oder gar Vorurteilen. Lerne die Menschen erst einmal gut kennen. Begegne allen mit Respekt.

Wenn ein Austauschschüler nicht gewillt ist, sich auf Neues einzulassen und viele Dinge anders zu machen, als bisher gewohnt, dann kann die Gastfamilie sich noch so bemühen, aber es wird schwierig werden.

Sei offen für Neues. Probiere aus, was Du noch nicht kennst.

Umgekehrt sollte die Gastfamilie dem Austauschschüler altersgerechtes Vertrauen schenken. Man bekommt keinen Erwachsenen ins Haus, aber auch kein Kleinkind. Im besten Fall spricht man offen über alles, was in dem Moment gerade „dran" ist.

Alltagsdinge, aber auch politische Diskussionen, sind spannend. Dabei muss man nicht immer einer Meinung sein, aber man muss die Haltung des anderen respektieren und versuchen zu verstehen.

Ein „Bekehren" wäre nicht angebracht. Im Gespräch bleiben und einander zuhören, sollte ein Motto jedes Beteiligten sein. Übe Dich in Empathie.

Um neue Freunde zu finden, mußt Du auf Menschen zugehen. Sprich mit den Leuten, lerne sie kennen, dann sind sie keine Fremden mehr.

Sammle Erfahrungen, sie werden Dich in Deinem Leben bereichern.

Bleibe in Verbindung mit den Lieben zuhause. Dann ist die Rückkehr deutlich einfacher.

Je schöner das Austauschjahr, um so schmerzlicher ist der Abschied. Aber auch daran kann man wachsen und lernen. Eine solche Krise kann einen stärken.

Wer die Kontakte zu Freunden und Gastfamilien aufrecht erhält, die Zukunft mit ihnen gemeinsam gestaltet, stellt irgendwann fest, dass der Abschied ein trauriger Moment war, den man hinter sich lassen konnte.

Jetzt ist es einfacher denn je, Freunde auf der ganzen Welt zu finden und mit ihnen zu kommunizieren. Gegen Freunde zieht man nicht in einen Krieg, daher haben Austauschprogramme auch in Zukunft ihre Berechtigung und sollten weiterhin unterstützt werden.

Wir alle sind Weltbürger. Es wehen unterschiedliche Flaggen in den einzelnen Ländern;

Kulturen und Sprachen unterscheiden sich, aber was uns alle vereint ist der Planet, den wir uns teilen.

Das sollten wir nie vergessen!

Dank

Mein besonderer Dank geht an alle, die mir das Jahr als Austauschschülerin ermöglicht haben.

Im Besonderen an meine Eltern, die mir von der ersten Bewerbung, bis zum Kofferpacken mit Rat und Tat zur Seite standen. Mama und Papa, wo wäre ich ohne Euch?

Den Rotariern, die einen Schüleraustausch organisieren, finanzieren und als Gastfamilien ihre Häuser und Herzen öffnen, möchte ich nicht nur danken, sondern sie weiterhin motivieren, diese grandiose Arbeit fortzusetzen.

Ich danke Janine und Christian für die Freundschaft, die Briefe und die Erlaubnis, sie in diesem Buch zitieren zu dürfen.

Für das Feedback meiner „Testleser" bin ich ebenso dankbar wie für die vielen Stunden der Unterstützung durch Andrea Becker. Deine Expertise, liebe Andrea, kombiniert mit dem richtigen Werkzeug, war für mich so wunderbar hilfreich. Ich danke Dir dafür.

Danke an Matthias und Emily: Ihr habt sehr oft auf mich verzichtet, wenn ich mich hinter dem Laptop verschanzt und an diesem Buch gearbeitet habe. Eure Anregungen und Geduld waren Wasser auf meine Mühlen.
Ich liebe Euch.